Jean-Jacques Delusse

(1758-1833)

La Loire et l'Anjou

D1717714

Ce catalogue est édité à l'occasion de la présentation de l'exposition *Jean-Jacques Delusse (1758-1833), la Loire et l'Anjou,* à Châteauneuf-sur-Loire, au musée de la Marine de Loire, du 25 novembre 1998 au 22 février 1999, et à Angers, au musée Pincé et à la galerie David d'Angers, au cours de l'été 1999.

ORGANISATION :

Patrick Le Nouëne
Conservateur en chef des musées d'Angers

Catherine Dupraz-Plantiveau
Attaché de conservation, musée de la Marine de Loire, Châteauneuf-sur-Loire.

avec la collaboration de Madame **Michèle Dupont**, présentation au musée Pincé, Angers, **Catherine Lesseur**, conservateur aux musées d'Angers.

Cette exposition a été possible grâce aux villes d'Angers et de Châteauneuf-sur-Loire, et aux Directions Régionales des Affaires Culturelles des Pays de la Loire et du Centre.

C'est en 1997 qu'a pris naissance à Châteauneuf l'idée d'une exposition sur Jean-Jacques Delusse. Prévue pour être la première exposition présentée au public dans le musée après son réaménagement, elle avait pour objet de montrer que l'histoire de la marine de Loire ne se limite pas à la présentation de bateaux et de mariniers, mais qu'elle peut être abordée par d'autres biais, dont celui des collections de type Beaux-Arts.

Or, cette collection de 79 œuvres (75 lavis, une aquarelle, un lavis et sépia, un pastel et une lithographie) était conservée au musée sans pouvoir être présentée en permanence en raison de sa fragilité.

Ces œuvres avaient été exposées en 1991 à Châteauneuf et à cette occasion la vie et le travail de Delusse avaient fait l'objet d'une recherche par Michèle Dupont et Catherine Gorget, alors responsable du musée. D'autres œuvres de l'artiste, conservées à Angers où il vécut de 1804 à 1829, avaient alors été découvertes.

Pour cette nouvelle exposition, il fut décidé de solliciter le prêt des œuvres des musées d'Angers, jamais présentées à Châteauneuf. Dès les premiers contacts, l'idée d'une coproduction se fit jour. L'organisation de cette exposition intéressait en effet Angers à plusieurs titres : maître de David d'Angers, conservateur du musée et professeur de dessin, Delusse a souvent représenté les monuments de la ville et les sites qui l'environnent en ce début du XIXe siècle.

Peintre de la Loire et figure de l'Anjou, il avait sa raison d'être à Châteauneuf comme à Angers. Le principe d'une double exposition fut adopté qui permettait de présenter les fonds liés à Delusse conservés dans les deux musées.

Une partie des œuvres d'Angers provient des héritiers de David d'Angers. Il était donc normal que l'ensemble soit pour la première fois présenté dans la galerie

David d'Angers. D'autres dessins sont issus du legs Auguste Michel en 1918, et tout laisse penser qu'ils étaient auparavant dans la collection du peintre Bodinier qui lui-même les avait acquis en 1851 à la vente Toussaint Grille.

Ces dessins, des vues de monuments et sites d'Angers ou de ses environs, trouveront leur place au musée Pincé qui fut offert par Bodinier à la ville d'Angers pour permettre une extension du musée des Beaux-Arts.

Les œuvres conservées à Châteauneuf apparaissent, quant à elles, pour la première fois en 1851 à l'occasion de la vente au cours de laquelle furent dispersées la collection Grille. Voisin de Delusse, il fonda la Bibliothèque municipale d'Angers. Les dessins sont achetés par Bodinier, comme ceux légués à Angers par Auguste Michel. On les retrouve au début du XXe siècle dans les collections de René Philipon, originaire de Saintes. Il les fait relier. L'ensemble réapparaît en 1988 chez un antiquaire londonien, Sims Reed qui les met en vente à Paris où elles sont découvertes par hasard et acquises par le musée. Représentant des paysages de Loire entre Tours et Paimboeuf, la plupart montrent l'activité du fleuve.

Au regard de la pauvreté iconographique concernant le travail des mariniers et des autres riverains du fleuve, la collection est d'un très grand intérêt, d'autant plus qu'elle témoigne d'une époque majeure dans l'histoire de la navigation, celle du début du XIXe siècle.

Les fonds d'Angers et de Châteauneuf se complètent parfaitement. Alors que l'on découvre l'homme et son milieu à Angers (en particulier la famille de David d'Angers), c'est le fruit de ses pérégrinations le long du fleuve qui sont visibles à Châteauneuf.

Catherine Dupraz-Plantiveau,
musée de la Marine de Loire, Châteauneuf-sur-Loire

Patrick Le Nouëne,
conservateur des musées d'Angers

SOMMAIRE

Articles

Notices des oeuvres

Annexes, p. 123

Cat. 71 - *Monastère de Saint-Maur* (détail).

Jean-Jacques Delusse, la vie et l'œuvre

Un long apprentissage

La période de l'enfance et de la jeunesse de Jean-Jacques Delusse[1] demeure encore obscure, avec, cependant, quelques points de repère importants. Jean-Jacques Thérèsa Delusse naît à Paris le 14 mars 1758. Ses parents, Jacques Delusse et Marguerite de Vendosme habitent rue Saint-Jacques, paroisse Saint-Benoît, dite *La Bistournée*. Le baptême[2] a lieu le lendemain de la naissance, le 15 mars, dans l'église Saint-Benoît, le parrain est Jean de la Cruz, pensionnaire du roi d'Espagne, et la marraine, Marthe-Thérèse Delaunay, épouse de Charles Maugiens, ingénieur architecte. La famille appartient au milieu artistique : Jacques Delusse est maître de musique.

Le quartier d'enfance du futur peintre s'étend entre la Seine et l'actuelle rue Soufflot ; des ruelles étroites, très animées par la présence des étudiants de la Sorbonne et des élèves des nombreux collèges qui bordent la rue Saint-Jacques. Imprimeurs, graveurs comme Lattré, marchands et collectionneurs d'estampes comme Mariette, y tiennent boutique.

Un des collèges du quartier a probablement accueilli l'enfant. La lecture de sa correspondance, au style aisé et précis, prouve qu'il a fait de bonnes études.

La formation artistique de Delusse est marquée par l'influence du peintre Joseph-Marie Vien (1716-1809). Il s'est présenté au concours du prix de Rome et a vu l'une de ses œuvres couronnée en 1743. Après un séjour de six ans en Italie, il est rentré à Paris où il a ouvert une école, 23 rue Montmartre, avec son ami Petitôt. Les élèves, y compris de nombreux étrangers, se sont inscrits rapidement auprès d'un maître qui enseignait également au Louvre en qualité de professeur adjoint et qui fut un moment responsable de «l'atelier des élèves protégés»[3].

Vien apparaît comme un novateur, un théoricien de grande qualité et un excellent pédagogue, très aimé de ses élèves. Sous le choc des découvertes des ruines de Pompéi et du séjour à Rome, Vien prône le retour à l'antique, moins pour évoquer les héros comme le fera son élève, le peintre David, que par souci de donner une image vraie de la culture et de la vie quotidienne chez les Romains et chez les Grecs, sur fond de nobles architectures, avec le goût des détails soignés, que l'on retrouve chez Delusse.

Dans ses mémoires, Vien a critiqué l'enseignement de l'Académie Royale ; les élèves ne dessinaient pas d'après nature : «Je fus le premier de l'Ecole Française qui, ayant senti la nécessité d'habituer la jeunesse à voir et à connaître parfaitement la nature, introduisis dans mon atelier le modèle vivant, trois jours par semaine, depuis le matin jusqu'au soir»[4].

C'est précisément dans cette classe du modèle vivant que va s'inscrire Delusse, en janvier 1785. Mais quel a pu être son itinéraire avant l'Académie ? Il paraît surprenant.

Une chose est certaine : à vingt ans, Delusse savait déjà peindre, puisqu'il s'est rendu à Angers, durant une année, pour réaliser deux commandes officielles réglées sur les deniers patrimoniaux. Le corps de ville d'Angers lui a demandé d'exécuter les portraits des échevins, Bayon et Guy Planchenault de La Chevalerie, au moment de leur élection, pour les suspendre aux murs de l'Hôtel de Ville. Les reçus ont été signés par Delusse, le 29 août 1776 et le 14 Mars 1777 ; chaque portrait payé 36 livres[5]. C'est, pour l'époque, l'équivalent du prix d'un bel habit et d'une paire de souliers neufs.

Sous la Révolution, les familles Bayon et Planchenault seront priées de venir retirer les portraits. On ignore ce qu'ils sont devenus.

Pendant les neuf années qui suivent le séjour à Angers, Delusse demeure introuvable. Curieusement, l'année des portraits correspondrait à celle du départ de Vien, son maître, chargé de diriger l'Académie de France à Rome. Vien est de retour cinq ans plus tard ; il reprend son atelier du Louvre, assisté d'un professeur adjoint, François André Vincent ; c'est auprès de ce dernier, qu'en mars 1785, Delusse réapparaît sur les listes des élèves[6] et, le même mois, figure au 27ᵉ rang au «jugement des places de quartier»[7]. Il demeure rue Saint-Nicaise, au petit hôtel du Portugal, à l'intérieur même de l'espace du Louvre.

1786, il disparaît de nouveau.

1793, on ne le retrouve qu'en pleine Terreur. Il arrive de Valence[8], il n'a pas sa carte de citoyen, mais seulement son passeport, ce qui ne l'empêche pas de se réinscrire, chez Vien lui-même, cette fois, dans la classe du modèle vivant. Toujours voisin du Louvre, il habite alors au 12 de la rue Croix-des-Petits-Champs. Le 10 Frimaire An III (1ᵉʳ décembre 1794), il reçoit un prix de la Commune des Arts qui remplace temporairement l'Académie. A l'automne 1797, on le retrouve domicilié rue Saint-Merry.

Le citoyen Delusse, professeur de la République à Saintes (1797-1804)

En octobre 1795, le Directoire fonde les Ecoles Centrales. Le recrutement des professeurs a lieu par voie d'affiches auprès des administrations centrales des départements, et en particulier dans celui de la Charente-Inférieure, dont Saintes était à l'époque la préfecture[9]. C'est auprès d'elle que Delusse va postuler pour la place de professeur de dessin. Les candidats aux neuf disciplines, réparties en trois sections d'enseignement, répondent par écrit. Un jury central d'instruction, composé de cinq notables, enquête sur leur moralité, leur civisme et leur talent et décide seul de leur engagement.

La première section comporte l'enseignement du dessin, de l'histoire naturelle, des langues anciennes et vivantes. L'année scolaire débute le 22 octobre et se clôt le 17 août, mais la première rentrée n'aura lieu que le 21 décembre 1797, au cours d'une cérémonie et d'un défilé à caractère militaire[10]. Dans un décor délabré qui a nécessité des travaux urgents, la transformation du vieux collège de Saintes, vidé de son mobilier, prendra près de deux ans. Delusse est l'un des premiers enseignants à ouvrir sa classe. Le cour de dessin a lieu chaque jour, excepté les quintidis et les décadis, de deux heures à quatre heures en hiver, et de trois heures à cinq heures en été. La formation aux arts plastiques apparaît aussi importante, dans les programmes de l'Ecole Centrale, que la grammaire ou la chimie, puisque, chaque mois, 54 heures lui sont consacrées. Les 54 heures de cours mensuels du citoyen Delusse se répartissent en disciplines complémentaires qui rappellent les matières enseignées aux jeunes artistes de l'ancienne Académie Royale : principes de la figure et des proportions du corps humain, architecture au lavis et au crayon, principes du paysage, l'ornement pour divers états et professions[11].

L'Ecole Centrale de Saintes, école secondaire de garçons, n'accueille pas de pensionnaires. L'âge des enfants de la première section varie de douze à quatorze ans. Vers seize ans, après les trois concours annuels, les élèves quittent le collège. Les familles paient les cours sous forme d'une modeste contribution de 25 francs par an, partagée entre tous les professeurs. Pour sa part Delusse récolte 2,50 Frs par élève : sa classe en comporte une quarantaine, dont il faut soustraire les boursiers de la République !... Heureusement, le salaire des enseignants, qui disposent d'un logement gratuit dans les bâtiments du vieux collège, est fixé à 2 000 Francs par an, assurés par la Nation, et réglés chaque trimestre ; les bordereaux de versement des salaires figurent encore aux Archives départementales[12].

Quand Delusse se marie-t-il ? On connaît le nom de sa femme, Marguerite Louiset, mais pas la date ni le lieu du mariage. Toujours est-il qu'il installe sa famille dans un appartement peu confortable, probablement très ancien ; dans une de ses lettres il écrit «certaines fenêtres comportent des vitres serties de plomb»[13]. On découvre, grâce à des factures de réparations qu'il transmet au préfet, qu'il n'habite pas seul dans ce logement : au cours de l'hiver de la première rentrée scolaire, une petite fille, Virginie Perrine, est née à Paris ; elle a été baptisée à Saint-Merri le 16 décembre 1797 et l'on peut supposer que la mère et l'enfant ont rejoint le père à Saintes au bout de quelques mois[14].

L'activité des professeurs de l'Ecole Centrale de Saintes ne se limite pas au seul enseignement. Un conseil d'administration, unique autorité légale de l'Ecole, se réunit tous les déca-dis. Il comprend quatre membres élus pour trois mois, choisis parmi le corps enseignant Delusse sera élu sept fois membre du conseil et l'on retrouve très fréquemment sa signature sur le registre des déli-bérations. Le conseil statue sur l'admission et l'exclusion des élèves, surveille la police inté-rieure[15], prépare comptes et fac-tures, les soumet à l'administra-tion centrale et au préfet, que les membres rencontrent chaque mois, désigne les boursiers[16]. Les inventaires du matériel et des livres de chaque classe doivent être tenus à jour et vérifiés ; la bibliothèque de l'Ecole com-prend un fond de 5 000 volumes, qu'il faut également clas-ser ; ce sera pour l'artiste un très grave souci.

La Terreur passée, le temps est aux fêtes. Le professeur de dessin est mis à contribution pour des célébrations diverses auxquelles il assiste avec ses élèves et le corps enseignant : 15 janvier 1798, plantation d'un arbre de la Liberté dans la

Cat. 55. - *J.-J. Delusse dessinant à la Baumette* (détail).

cour de l'Ecole ; 15 juillet 1799, célébration de la juste puni-tion du dernier roi des Français.
Distribution annuelle des prix. Cette cérémonie revêt un caractère fastueux sous la conduite du préfet Guillemardet : défilé des professeurs accompagnant leurs élèves portant des rubans tricolores ; fanfare, concert militaire, discours, distri-bution des prix sous forme de palmes et d'un fusil d'honneur offert par le premier Consul. Après le vin d'honneur, le préfet invite parents, enfants et profes-seurs au théâtre...[17].

Mai 1802 : les Ecoles Centrales sont remplacées par les lycées qui accueilleront des pension-naires. L'école de Saintes ne ferme pas ses portes sitôt la publication de la loi. Durant deux années, les cours conti-nuent, les prix de fin d'années sont distribués et le conseil d'ad-ministration se réunit. Le registre des délibérations, annonçant la dissolution de l'Ecole, porte, pour la dernière fois, la signature de Delusse le 11 avril 1804.

Une classe de dessin, en province, à la fin du 18ème siècle

Les documents du dossier «Ecole Centrale de Saintes»[18], per-mettent de se représenter facilement les lieux et le décor où enseignait Delusse.
Mitoyenne avec la chapelle des Jésuites alors désaffectée, la salle est située à l'extérieur des bâtiments scolaires[19].

Cinq hautes croisées éclairent l'atelier, les murs de couleur gris vert ont été remis à neuf en 1802. De grands rideaux de toile à carreaux bleu et blanc servent de stores et «parent aux ardeurs du soleil qui fatiguent les yeux des élèves»[20].

Aux livres classés dans la bibliothèque s'ajoute une collection de plâtres achetée à Paris au cours de l'hiver 1801 et transportée par roulage. La facture du roulier, conservée par Delusse, indique qu'il a passé la Loire à Orléans avec sa charge de 275 kg. Quelques avaries dues au trajet nécessiteront des réparations sur cinq figures. Les plâtres sont des copies d'oeuvres de l'Antiquité romaine et grecque : mains, pieds, bustes et visages. Pour installer ces copies d'antiques, indispensables au «dessin de figures», le professeur fait disposer deux étagères sur toute la longueur d'un mur. Une grande toile verte, fixée à une tringle par des anneaux, met en valeur les oeuvres d'art tout en les protégeant de la poussière.

Les élèves prennent place sur des tabourets paillés. Ils classent leurs travaux dans des porte-dessins. Une grande table d'architecte, commandée elle

Cat. 13 - *J.-J. Delusse dessinant aux Ponts-de-Cé* (détail).

aussi en 1802, complète le mobilier qui se compose d'une armoire et de peintures anciennes[21]. Le nom des élèves ayant remporté des prix est inscrit chaque année sur un tableau fixé au mur de la classe. L'enseignant ne néglige rien : les listes de fournitures, rédigées presque chaque année, comportent ficelle, clous, chevilles porte-dessins, tabourets neufs, bois de chauffage et jusqu'au ramonage de la cheminée.

Delusse fait souvent l'avance des dépenses que lui rembourse ensuite le préfet. On s'étonne de ne trouver aucune trace de papier, crayons et couleurs. Les élèves devaient probablement se les procurer eux-mêmes.

Une esthétique

L'étude des ouvrages qui composent la bibliothèque de la classe de dessin est révélatrice des intérêts et des goûts du professeur.

Delusse se situe résolument dans le courant artistique de son époque, le néoclassicisme. Comme son contemporain Louis David (1750-1825), il applique l'enseignement de Joseph-Marie Vien, leur maître à l'Académie Royale. Ainsi seront absentes des rayons les reproductions des œuvres de Watteau, Boucher et Fragonard. Delusse récuse les peintres de la grâce, des fêtes et de la sensualité. Il met au placard l'art baroque et le style rococo, comme le fera l'un des auteurs qu'il a choisis, Nicolas Cochin[22].

A la décharge de Delusse, il faut rappeler qu'il occupe à Saintes un poste officiel. Il se doit de représenter la pensée

Cat. 6 - J.-J. Delusse dessinant près d'Angers (détail).

de la Nation sur la jeunesse, empreinte d'idéalisme et de vertu.

Peut-être reprend-il à son compte la phrase de Diderot : «l'art a pour mission première de faire aimer la vertu et haïr le vice». La liste des ouvrages théoriques et des recueils de gravures qu'on trouve dans l'atelier de Sainte est significative.

Pour compléter l'ensemble : des reproductions gravées de Bouchardon d'inspiration mythologique, les études de David sur Herculanum, des récits illustrés de voyages italiens et des gravures d'après Van Loo qui vécut très longtemps à Rome.

Delusse fait très peu référence à l'art de la Renaissance et aux artistes du siècle de Louis XIV, excepté Bouchardon. Il cherche ses modèles parmi certains artistes du XVIIIe siècle délaissant les sujets d'inspiration religieuse, et, ce qui est surprenant, Chardin.

Autre aspect de l'enseignement de la classe de dessin : l'intérêt du professeur pour les écrits sur l'art. Il n'hésite pas à les proposer à de jeunes élèves dont l'âge ne dépasse pas quatorze ans. C'est une dizaine d'ouvrages parmi lesquels le

Traité de la peinture de Léonard de Vinci, qui précède deux discours de réception à l'Académie, un traité de perspective et des études sur la peinture de l'historien d'art André Félibien. Sept volumes traitent de l'architecture. On repère ainsi une autre tendance pédagogique de l'enseignant : son goût pour la construction et l'équilibre. Elle peut être associée à l'art du peintre. Ses lavis représentant la Loire angevine et l'estuaire entre Nantes et Paimbœuf traduisent le rythme des paysages et l'harmonie des sites sous les vastes ciels que balaient les nuages.

Le thème de la mer et des ports est également présent dans le choix des livres. Les élèves visiteront la France, grâce à la série des ports de Joseph Vernet et des marines de Nicolas Ozanne.

«Retour au vrai». Delusse demeure le fidèle élève de Vien : le réel n'est jamais évincé des études. Il propose des cahiers d'animaux de Desportes et d'Oudry, des plantes, des planches de costumes anciens, modernes et républicains...[25].

Cette période d'enseignement féconde a-t-elle permis à l'artiste de réserver un peu de temps pour son travail personnel, sur le motif ou en atelier ? Au cours de l'été 1801, il retourne en Anjou et traite de nouveau les paysages qu'il connaît et qu'il aime. Fin août début septembre, la lumière de Loire est particulièrement belle. Il peint le château de Clermont et le village de Cellier à la pointe du jour, ainsi que les ruines du château de Molière. Il est probable qu'à cette époque, Delusse a pris l'habitude de réaliser des portraits en miniature : travail rapide, exécuté sur carton, et qu'il signe au dos de l'ouvrage. C'est pour lui une façon lucrative et aisée d'améliorer ses revenus[24].

Dernier aspect de la vie de l'artiste à Saintes : son appartenance à la franc-maçonnerie. Après les épreuves révolutionnaires, la loge de Saintes se reconstitue sous le nom de *La Constante Société*. La liste de ses 48 membres a été publiée pour l'an XII de la République[25]. Delusse y est inscrit au premier grade, apprenti. Il se trouve en compagnie du maire de Saintes, Poitevin-Moléon, qu'il connaît bien, de Muraire et du préfet Guillemardet. Ce dernier va jouer un rôle déterminant dans la vie du peintre, quant à son avenir professionnel.

Le retour en Anjou (1804-1829)

Delusse rentre à Paris à la recherche d'une place de professeur de dessin. Il entreprend des démarches afin d'obtenir à Angers celle qu'a laissée vacante le décès du peintre Joseph Marchand. Guillemardet intervient ; il connaît personnellement le maire d'Angers, Jean-François Joubert Bonnaire et le sénateur Lemercier.

Les recommandations chaleureuses sur les talents et la moralité de l'artiste portent leurs fruits ; le conseil municipal, au cours de sa délibération du 18 juillet 1804, propose au préfet de choisir Delusse pour conservateur du Museum de la ville d'Angers, à charge pour lui de donner des cours gratuits de dessin[26].

Au cours des quatre années qui suivent l'installation de la famille Delusse, d'abord 20 rue Saint-Gilles, puis au logis Barrault, le professeur partage son temps entre la classe de dessin, la mise au point de l'inventaire du Museum et l'aménagement des locaux. Le logis Barrault, qui remonte à la Renaissance, est encore aujourd'hui un élégant bâtiment de pierre blanche, ouvrant sur une cour bordée d'un côté par des arcades[27]. Delusse en a laissé un très joli dessin (cat. 58). Le logis mitoyen du Grand Séminaire désaffecté, est relié au Petit Séminaire par un passage enjambant la rue Courte, actuelle rue du Musée.

Le nouveau conservateur sait-il que la belle demeure qu'il occupe reçut, en 1498, la visite du fastueux César Borgia apportant à Louis XII les bulles de son divorce d'avec Jeanne de France ?[28]. L'antique logis Barrault est en piteux état en 1804 : planchers effondrés, escaliers branlants, cloisons délabrées. Plusieurs mois seront nécessaires pour rendre la maison habitable, mais l'ensemble reste très vétuste, et les deux occupants, Delusse et Toussaint Grille ne cesseront de s'en plaindre auprès du Maire[29].

De la fenêtre située au sud et qui donne sur le très beau jardin botanique «réservé à l'étude et non à la promenade», la famille Delusse découvre le château, la rivière et ses voiles blanches sur fond de ciel (cat. 5).

Un conservateur zélé

Le Museum comporte déjà une importante collection de toiles et de sculptures réunies par le peintre Joseph Marchand durant plus de quatre années[30]. En se rendant à Paris, il avait obtenu de La Revellière-Lépaux des œuvres d'art qui constitueront le fonds du Museum d'Angers. On connaît le nom des artistes réunis par Joseph Marchand : Boucher, Desportes, Vernet, Girodet, Gérard, et, parmi d'autres, une toile de Vien, *Priam ramenant à Troie le corps d'Achille*.

Nouveau conservateur, Delusse reprend la rédaction de l'inventaire. Les archives municipales ont conservé les treize feuillets de couleur bleue du catalogue, écrits des mains de l'artiste. Les peintres et les sculpteurs sont classés par ordre alphabétique et les œuvres réparties par école et par genre.

Les collections du Museum, au début de l'Empire, comprennent 244 tableaux, des sculptures et 66 gravures. Viennent s'y ajouter des vitraux, des broderies, et du mobilier en dépôt. Delusse, toujours méticuleux, classe, rédige les listes en deux exemplaires, et consigne jusqu'aux *ustencils* de ménage : balai de crin, tête de loup, échelle !...A la fin du treizième feuillet, il paraphe. Son nom a retrouvé les deux syllabes et les deux majuscules que le citoyen-artiste avait effacées par prudence au temps de la Terreur.

Le maire dégage les fonds pour la remise en état des bâtiments ; sur les trois mille francs alloués au Museum, à la Bibliothèque et au Cabinet d'Histoire Naturelle, le conservateur fait nettoyer les vernis des tableaux et redorer leurs cadres. Il remplace les vitres brisées des sous-verres.

Cat. 1 - *Portrait de Toussaint Grille*.

Le 17 avril 1807, le Museum ouvre ses portes.

Durant cette période, Delusse assiste à l'emménagement de la Bibliothèque. La municipalité lui a réservé, dans l'un des bâtiments du Séminaire, une vaste galerie où Toussaint Grille, collectionneur passionné, peut réunir les volumes et documents dispersés durant la période révolutionnaire : près de 40 000 volumes comprenant sa propre collection. Toussaint Grille, qui loge, solitaire, en compagnie d'une vieille servante, fréquente le conservateur, mais le voisinage ne semble pas exempt de rivalités. Elles concernent l'attribution des locaux, le choix du concierge, et les expéditions des livres d'art[31].

Les jours de foire, Delusse se plaint des allées et venues dans la maison de la rue Courte. Le public se presse au musée, «près de quarante personnes à la fois», gémit le conservateur, qui craint pour la solidité des planchers. Le concierge, moyennant quelques pièces, laisse pénétrer n'importe quel promeneur. Delusse réclame des horaires d'ouverture fixes, le dimanche et le jeudi, comme à Paris, et une sélection des visiteurs[32].

Au cours des années qui suivront, Delusse veillera sur les collections et objets d'arts expédiés de la capitale par la Conservation des Monuments Publics[33]. A partir de l'année 1816, David d'Angers offre régulièrement à sa ville natale plâtres d'atelier, bronzes, moulages, qui prennent place au Museum, occasion inespérée pour son ancien maître de participer au succès national de son élève préféré[34].

L'école gratuite de dessin

A l'époque où Delusse s'installe à Angers, la situation de l'école secondaire de garçons est encore confuse, après des déménagements et trois bouleversements successifs sur une période d'à peine dix ans, la classe de dessin est fermée. Les cours gratuits, confiés à l'artiste à la demande du conseil municipal obtiennent un succès mitigé. Les élèves appartiennent à des familles d'ouvriers et d'artisans. Déjà apprentis, ils consacrent deux heures par jour au dessin. Mais leur présence aux cours est irrégulière ; l'hiver, la classe se vide. Au bout de deux ans, ils quittent l'école, avec une formation inachevée. Delusse s'en désole[35]. L'attrait d'une modeste distribution des prix ne suffit pas à les retenir. L'expérience de cette école gratuite qui ne visait pas à former des artistes, mais «à diriger le goût des hommes de la classe industrieuse», est un demi-échec, préjudiciable, à la longue, à la réputation du professeur[36].

La vie d'artiste...

Mille francs de revenu annuel ont été accordés au professeur. Ils ne représentent que la moitié du traitement alloué à

Saintes. Avec une femme et une petite fille de sept ans, Delusse a de la peine à vivre. Dès son arrivée en Anjou, il cherche des travaux complémentaires. C'est d'abord vers le portrait qu'il se tourne. Par l'intermédiaire des *Affiches d'Angers,* il offre de réaliser des «portraits ressemblants».

«Monsieur Delusse, professeur de dessin, nouvellement arrivé dans cette ville pour s'y fixer, prévient les amateurs de beaux-arts qu'il offre ses talents aux personnes de goût qui désirent l'employer. Il peint le portrait en grand à l'huile et sous les formats les plus modernes, ainsi qu'en miniature. En plus, il ne sera pas tenu de prendre ses portraits s'ils ne sont pas ressemblants. Il se propose de donner des leçons de dessin pour les dames. A cet effet il se transportera chez elles, et elles en retireront beaucoup plus de fruit lorsqu'elles se réuniront. Il se transportera aussi dans les pensionnats de demoiselles. Il y enseignera les principes de figure, des fleurs et des paysages. Il est logé rue St. Gilles, maison de Mme Ayasse n°20»[37].

Les commandes sont venues, les clients ne manquent pas. Parmi les portraits qui sont arrivés jusqu'à nous, le plus réussi est certainement celui de Toussaint Grille, le bibliothécaire et voisin érudit. Il date de 1807. Le modèle a quarante et un ans, il apparaît en vêtement sombre (cat. 1).

En 1816, Delusse et son élève Bazin recevront deux commandes sur les fonds de l'Hôpital Général, vaste et très ancien établissement tenu par des dames pieuses. Construit dans le quartier de la Doutre, il accueille les indigents, les vieillards, les filles repenties, les orphelins et les incurables. Deux grands escaliers conduisent au dortoir des hommes et à celui des femmes. Les tableaux de Delusse vont leur servir de décor. On ignore si l'hôpital a choisi les sujets ou si les artistes les ont proposés. Le premier montre saint Vincent de Paul debout, dans l'attitude de la prédication, des sœurs assises auprès de lui (cat. 4). Le tableau, un grand format de 2,60 m sur 2 m, présente Monsieur Vincent en situation de prédicateur (probablement la réplique d'un tableau plus ancien). Les sœurs sont traitées de façon maladroite avec des visages tordus sous les coiffes. Le second représente *Saint Louis consolant les blessés* (Angers, musée des Beaux-Arts).

Cat. 4 - *Saint Vincent de Paul et les religieuses hospitalières*.

Les très nombreux lavis, réalisés le long de la vallée de la Loire durant les vingt-cinq années de l'existence de l'artiste en Anjou, prouvent qu'aux beaux jours, Delusse voyageait beaucoup. Utilisait-il la voiture du roulier qu'il a souvent représentée ? Se glissait-il parmi les tonneaux de vin arrimés sur les futreaux et les gabares ? Peintre sur le motif, il emporte avec lui un grand carton à dessin. Assis sur un talus ou sur le bord d'un quai, il travaille devant le fleuve, erre à travers les ruines des abbayes et des châteaux. Il voyage le long de la Loire, au long des chemins qui le conduisent, sur deux cent cinquante kilomètres, de Tours à la mer. On ne connaît pas son visage, seulement sa silhouette : il se représente de dos ou de profil à l'abri d'un vaste feutre noir romantique, ses cheveux foncés sont longs, comme sa barbe que l'on distingue parfois. Pour courir la campagne il est vêtu d'un pantalon clair et d'une redingote sombre.

Cat. 23 - *Oudon et Champtoceaux* (détail).

Vingt lavis représentent des châteaux délabrés ou en ruine, vingt autres des monastères et des églises dans le même état. Delusse durant la longue période de sa vie à Angers (de 1804 à 1829) ne s'est-il pas livré à un véritable travail d'enquête au cœur de l'Anjou ? Sur cette terre qui fut, peu de temps auparavant, ravagée par la plus atroce des guerres fratricides, l'artiste exprime la paix retrouvée dans l'harmonie de la nature.

Il laisse de tous ces lieux un témoignage sensible, «un juste milieu» comme le dira Elie Roy à propos de Joseph-Marie Vien, sans lyrisme, mais d'une sagesse charmante et très française.

Le temps de l'Amitié : David d'Angers

«Il a été pour moi comme un second père»

Avec ses sabots de bois, son bonnet de laine et son costume de camelot, Pierre-Jean David, a pris place pendant deux ans, à partir de 1806, parmi les élèves de la classe de Delusse. Chaque jour le jeune homme quitte le chantier de restauration où il travaille avec son père, le sculpteur ornemaniste Pierre-Louis David, pour gagner la rue Courte. Le professeur connaît les dons exceptionnels de son élève et rêve pour lui d'une carrière qui ne se limitera pas à l'artisanat d'art, mais à la découverte de l'Italie antique («le grand tour») et à l'attribution du Prix de Rome. Pour y réussir, Pierre-Jean doit suivre à Paris l'enseignement des maîtres. La famille est très pauvre, les écrits de David dans ses *Carnets* en témoignent. Patiemment Delusse tente de convaincre le père dont il est devenu l'ami : ils sont tous deux francs-maçons.

Le sculpteur sur bois n'était pas d'un caractère facile ; il s'oppose obstinément au départ de son fils unique qui lui apporte une aide précieuse sur ses chantiers[38].

A force de visites et pour en finir, Delusse conseille à son élève de modeler dans l'argile deux têtes de femme de Michel-Ange qu'il se charge de porter lui-même au sculpteur. Celui-ci prend conscience des dons de son fils, mais il avoue à son ami qu'il n'a pas de quoi payer le voyage[39]. Le professeur avance la somme, 40 francs[40], gros sacrifice lorsqu'on sait que Delusse gagne moins de cent francs par mois. Le sculpteur sur bois accepte alors le départ, mais les discussions auront duré deux ans et David a tenté de se suicider.

De cette époque, Delusse a laissé cinq œuvres qui montrent l'intimité partagée avec la famille David. L'une des plus sen-

Cat. 10 - *Intérieur de la famille de P.-J. David d'Angers.*

sibles représente le jeune artiste juste avant son départ pour Paris. Portrait à l'huile sur toile (cat. 9), il est accompagné au dos d'un commentaire plus tardif, signé de la fille du sculpteur, Hélène David, épouse Leferme : «Les couleurs ayant pâli et noirci, les yeux étaient d'un bleu ciel admirable, les cheveux blond cendré».

Après son arrivée à Paris- il a neuf francs en poche -David loge dans une mansarde, rue des Cordiers, près du Panthéon. Conditions de vie misérables qui inquiètent le professeur. En 1811, peu de temps après la mort de la mère du sculpteur, Delusse entreprend à son tour le voyage. Dans ses *Carnets*, David nous a laissé le récit des retrouvailles avec son ami :

«Ma mansarde de garçon, tout le temps que j'ai travaillé pour obtenir le Prix de Rome, se composait, comme ameublement, d'un chevalet, d'une selle à modeler, de deux chaises presque dépaillées, de quelques planches mal jointes qui me servaient de lit, sur lequel je passais, enveloppé dans une couverture, les quelques heures que je donnais au sommeil, lorsque, la nuit, épuisé par le travail, je sentais l'impérieux besoin de repos ; quelques cartons dans lesquels étaient mes dessins, et quelques vieilles gravures.

Il y avait dans ma chambre une vieille malle dans laquelle étaient mes rares effets ; ensuite un pot à beurre dans lequel était de l'eau ; et la muraille était décorée du portrait de mon père et de ma mère et une vue de la ville d'Angers qui m'avait été donnée par mon bon et excellent maître M. Delusse .

On lui avait dit que je travaillais presque une partie de la nuit ; cela alarma beaucoup mes parents et ce digne homme. Il profita d'un voyage qu'il fit à Paris pour s'en assurer. Dans ce temps, la diligence arrivait fort tard dans la nuit. L'occasion était favorable pour surveiller le fait des veillées. M. Delusse vint rue des Cordiers, près le Panthéon. Il vit tout en haut de la maison une lumière isolée. Dans cette pauvre maison, il n'y avait pas de portier et, par conséquent, pas de porte d'allée fermée. C'est vers trois heures du matin : j'entends heurter à ma porte et j'ai le bonheur de revoir mon bon maître qui vit la lampe allumée et un modèle en terre. Ce qui le toucha vivement, c'était que j'étais en train de lui écrire, ainsi qu'à mon père, car ma bonne mère venait de mourir.

Il me gronda beaucoup, me disant que j'allais tellement me ruiner la santé qu'il ne me serait plus possible d'obtenir cette gloire après laquelle je soupirais tant depuis ma plus grande jeunesse.

Certes je comprenais parfaitement toute la justesse de son conseil. Mais il y avait en moi une voix impérieuse qui me disait : *Marche !*»[41].

Le temps passe. La gloire attend Pierre-Jean David, mais le tient éloigné d'Angers. En 1821, à la mort de son père, seul Delusse suivra le cercueil de son ami le vieux sculpteur. Cet hiver-là, dans le brouillard froid des rues de la ville, on vit passer une bière portée par deux hommes. Ils marchaient accompagnés d'un vieillard à la tête penchée. C'était le peintre Jean-Jacques Delusse, bienfaiteur du fils du défunt dont il avait constamment partagé et adouci les chagrins[42].

En 1825, David revient dans sa ville natale ; l'une de ses premières visites sera pour Delusse. Ils iront ensemble au cimetière sur la tombe des parents de David, et à Saint-Florent pour l'inauguration du monument à Bonchamps. David s'inquiète de la santé et des ressources de son vieux maître ; il le confie à son ami Louis Pavie. Quel secours lui apporter, sinon lui trouver à Paris des souscripteurs pour ses dessins ?

Ce qu'il a fait. A moins, comme le pensent certains biographes, qu'il n'ait déguisé en achats son propre secours, pour ne pas blesser le vieil artiste[43].

Nul doute que Louis Pavie soit également intervenu, comme il l'a déjà fait, pour aider Delusse, cette fois à travers la presse. Le 14 juin 1825, les *Affiches d'Angers* annoncent la vente par souscription de lithographies signées Delusse et imprimées à Paris. Elles ajoutent que David d'Angers, sculpteur, en surveille lui-même l'édition.

Les dernières années

En 1816 et 1829, les relations de Delusse avec la municipalité sont devenues difficiles. Il est l'objet d'une enquête, sur son travail à l'Ecole gratuite. Puis durant l'hiver 1818 d'un rapport confidentiel, sous forme d'une lettre du maire adressée au préfet[44] : «Je pense que M. Delusse n'est pas dans le cas de finir un élève et de le conduire à un certain degré de perfection...»

On critique à la fois son enseignement, son peu d'assiduité à l'Ecole gratuite et les libertés qu'il prend. Le professeur se fait aider par sa fille Virginie ; elle a vingt et un ans et apprend la miniature à Nantes. Le père et la fille se répartissent des cours dans de nombreuses pensions privées et au Collège Royal.

Sept années plus tard, on fait pression sur Delusse afin qu'il abandonne son poste ; David d'Angers, scandalisé, tente d'intervenir depuis Paris. Enfin, dernière étape, la municipalité le congédie en 1829 sous un faux prétexte. Il a 71 ans. Seul Louis Pavie, adjoint, apporte son hommage au vieux professeur en assistant, le 24 août 1829, à la dernière distribution des prix de son Ecole[45].

Delusse quitte le logis Barrault. Il s'installe misérablement faubourg Bressigny, dans la maison d'un ancien perruquier. Il écrit au maire et réclame sa pension. Elle n'arrive qu'un an plus tard : 406 francs, 52 centimes annuels, la misère[46] !

Cat. 70 - *Château de Montsoreau*.

Château de Clisson. *vu sous une arche du pont St antoine, tel qu'il était en 1800.*

Cat. 65 - *Château de Clisson*.

Cat. 74 - *Environs de Saintes.*

Delusse quitte l'Anjou. Il laisse un dernier lavis, *La pointe de Reculé à Angers, près des fours à chaux* (cat. 57).

On le retrouve à Saintes ; peut-être y a-t-il rejoint sa fille Virginie : on peut voir d'elle dans la cathédrale Saint-Pierre, un médiocre tableau, accroché au-dessus des fonts baptismaux, *Le Baptême du Christ.* Courageusement, Delusse se remet aux miniatures et aux paysages[47]. Il est veuf. Il habite rue de la Marine. Il vieillit, on l'oublie.

Le souvenir du peintre ne demeure, en Charente, que grâce à quelques articles publiés dans la *Revue de Saintonge et d'Aunis* (1886, 1903, 1917). Mais où se trouvent les nombreuses miniatures, peintes souvent sur des dos de cartes à jouer et qui ornaient tabatières ou médaillons ? La bibliothèque de la Rochelle conserve de rares paysages, à peine une dizaine, représentant la vallée de la Charente et les ruines romaines proches de Saintes (cat. 73 et 74).

Le 28 novembre 1833, Jean-Jacques Delusse meurt entouré de deux amis, Pierre Jeannaud, tailleur d'habits, et Louis Bigot, son propriétaire.

Un certificat d'indigence est établi quelques mois plus tard....

Michèle Dupont

Abréviations : Archives départementales du Maine et Loire : (AD.M.L.) ; Archives départementales de Charente-Maritime (AD.C.M.) ; Archives municipales d'Angers (AM.A.) ; Bibliothèque municipale d'Angers (BM.A.) ; Bibliothèque de l'Ecole nationale des Beaux-Arts (B.EN.BA.).

(1) La préposition «de» n'est pas toujours utilisée dans l'orthographe du nom de la famille Delusse. L'acte de naissance de l'artiste porte inscrit le nom de l'enfant et du père en un seul mot. La signature du peintre se compose presque toujours d'un seul mot avec une majuscule intérieure : Delusse. Il ne s'agit pas d'une particule, mais d'une préposition, francisation du *van* flamand. On le retrouve dans des patronymes tels que de Baeker, De Vos ou De Coester. Dans cette hypothèse on pourrait rechercher l'origine de la famille Delusse en Flandre.
A l'époque révolutionnaire le citoyen Delusse adopte une signature roturière en faisant disparaître la majuscule intérieure. Au registre de la paroisse Saint Merri, le nom de sa fille Virginie, est orthographié : Luce. A l'époque de la Restauration, Delusse signe ses lavis et ses lettres en utilisant de nouveau la préposition de.

(2) Extrait de l'acte de baptême certifié conforme par le maire d'Angers, le 2 août 1829, paroisse Saint-Benoît (IO.T.1 Dossier Ecole de dessin.AD.M.L.).

(3) Courajod, 1874.

(4) *Joseph Marie Vien* (Mémoires), *loc. cit.*, Thomas W. Goehtgens et Jacques Lugan, Paris, 1988.

(5) Deniers patrimoniaux des archives de l'Hôtel de Ville d'Angers, 1776 (Chapitre peintres, feuillets 318 et 319 A. M.A).

(6/7) Listes alphabétiques des élèves de l'Académie Royale des peintres (manuscrits), (A93, A94, A 95, folio 106 et 182 , microfilm N°30 B.EN.BA.).

(8) La récente découverte d'une œuvre de Delusse, *Vue du château de Crusols*, datée de 1792, apporte la preuve du séjour de l'artiste dans la vallée du Rhône à proximité de Valence.

(9) Fondation de l'Ecole Centrale de Saintes, 28 Floréal an 4 (L304.AD.C.M.).

(10) Installation des professeurs à l'Ecole Centrale, 30 Frimaire an 4 (L304.AD.C.M.).

(11) Xambeu, 1886, p. 85.

(12) Etat des traitements et salaires des professeurs de l'Ecole Centrale, an 10 (IT 253 AD.C.M.).

(13) Mémoire du citoyen Massion, Ventôse an 8 (L305 AD.C.M.).

(14) Registre des baptêmes de la paroisse Saint-Merri, 16 décembre 1797.

(15) Délibération du conseil d'administration de l'Ecole Centrale, 10 Ventôse an 1 (L306 AD.C.M.).

(16) Lettre au préfet, Ventôse an 8 (L305. AD.C.M).

(17) Distribution annuelle des prix de l'Ecole Centrale, 26 Messidor an 11 (L305.AD.C.M.).

(18) Registre des délibérations du conseil d'administration de l'Ecole Centrale (IT 253 AD.C.M.).

(19) Collège d'époque Renaissance, rebâti en 1607, la chapelle des Jésuites fut consacrée en 1616. Elle existe toujours, ainsi que le bâtiment mitoyen, face à la porte principale du collège, (IT 253.AD.C.M.)

(20 à 23) Oeuvres choisies par le professeur de dessin, 27 Avril 1802 (Dossier Ecole Centrale, L305.AD.C.M.).

(24) *Revue de Saintonge et d'Aunis*, 1903, p.357.

(25) Pellisson, 1894.

(26) «Lecture d'une pétition de M. Delusse, professeur de dessin à l'Ecole Centrale du département de la Charente inférieure, datée de Paris du 21 de ce mois, dans laquelle il demande la place de conservateur du musée de cette ville et sollicite que dans le cas où ses talents seraient accueillis favorablement par la commune, il lui faut fournir un logement. Par le rapport de M. le Maire, duquel il résulte que pendant son séjour à Paris, dans un voyage qu'il vient d'y faire, M. Lemercier, appelé à la Sénatorerie d'Angers, et M. Guillemardet, préfet du département de la Charente inférieure, lui ont parlé très avantageusement de la moralité et des talents de M. Delusse que, comme M. Havet, ingénieur du département, qui le connaît particulièrement, fait le plus grand cas. Le conseil considérant que l'établissement du musée de cette

ville exige pour le Conservateur les soins d'un homme connaisseur, que d'après le rapport de M. le Maire M. Delusse réunit les qualités qui conviennent :
Article 1er : M. le Préfet de Maine et Loire est prié de choisir M. Delusse pour Conservateur du Musée de cette ville et de fixer ses appointements en cette qualité.
Article 2 : il est également prié de mettre pour l'an XIV, à la disposition de la Municipalité le Museum et les cabinets d'Histoire Naturelle et Physique pour être joints à la Bibliothèque pour servir à l'enseignement.
Article 3 : Dans ce cas, le Conseil estime que les appointements de ce Conservateur du Musée devront être fixé à *mille francs* par année, à la charge de donner des cours gratuits de dessin et qu'il devra lui être fourni un logement dans le bâtiment affecté à l'Ecole Centrale.
Article 4 : Ces appointements seront pris sur les fonds affectés à l'Instruction Publique et employés à cet effet dans le budget des dépenses de la Mairie pour l'an XIV» (Archives Municipales d'Angers, cahier des délibérations du Conseil Municipal).

(27) André Sarazin, p. 72 à 75.

(28) Jeanne de France était châtelaine de Châteauneuf-sur-Loire. Après sa mort, à Bourges, en 1505, l'ordre de l'Annonciade qu'elle avait créé installa, selon la tradition, à Châteauneuf, une communauté de sœurs. Le visage de Jeanne de France se voit encore sculptée en médaillon au mur d'une ancienne demeure du bourg.

(29) Correspondance générale 1809-1860 (Ecole de dessin, 84 MI AM A).

(30) Joseph Marchand (1747-1804) né à Constantinople d'une femme du pays et d'un Français, a été marqué par les sites et la lumière de l'Orient qui développèrent très tôt chez lui le goût du dessin... Il vint à Paris, y rencontra M. de Contades qui l'invita à le rejoindre à Angers pour donner des leçons à ses enfants. Marchand trouva à Angers de très nombreux élèves ; il dirigea le Musée de peinture et prit en charge la classe de dessin de l'Ecole Centrale, où il eut comme élève David d'Angers encore enfant (1876).

(31) Correspondance générale du Musée des Beaux-Arts, 1807-1862 (Edifices communaux, lettre du 11 novembre 1811, 8 AMI AM.A).

(32) *Idem*, lettre du 18 janvier 1816 (8 AMI.AM.A).

(33) Lettre du Ministère de l'Intérieur, mai 1822 (Dossier Ecole de dessin, 10T1.AD.M.L)

(34) Jouin, 1878.

(35) Cité dans la lettre du Maire au Préfet du Maine et Loire, 24 décembre 1818 (Dossier Ecole de dessin, 10T1 AD.M.L).

(36) Lettre de Lainé au Préfet du Maine-et-Loire, 19 Août 1816 (Dossier Ecole de dessin, 10T1.AD.M.L)

(37) *Les Affiches d'Angers*, 5 novembre 1804 (AD.M.L).

(38) «Un soir, le maître patient dirigea ses pas vers la maison de son ami. C'était pendant l'hiver de 1806. Toute la famille se trouvait réunie. Le père, un marteau en main, travaillait activement à sculpter une figurine représentant l'Amour. Sa femme et ses trois filles groupées autour de la lampe, tenaient l'aiguille. Delusse fit asseoir son élève en face de sa mère et lui mit un carton sur les genoux. Puis prenant lui-même un crayon, il fit de cet intérieur laborieux un dessin placé aujourd'hui au Musée David», Jouin, 1878, t. 1, p. 25.

(39) *Ibid*, p. 26

(40) *Ibid*, p. 31

(41) *Ibid*.

(42) *Loc. cit.*, Bruel, 1958, t. 2, p. 237.

(43) Jouin, 1890, lettre de David à Louis Pavie, 25 août 1825.

(44) Lettre confidentielle, 24 décembre 1818 (Dossier Ecole de dessin, 10T. AD.M.L).

(45) Distribution des prix de l'Ecole de dessin (Registre Ecole gratuite de dessin, folio 47.2051. BM.A.).

(46) Lettre du Maire (Délibérations du conseil municipal d'Angers, avril 1829. AM.A).

(47) *Revue de Saintonge et d'Aunis*, 1903, p. 357.

Cat. 38 - *Passeur aux îles Lambardières et Béhuard* (détail).

Cat. 70 - *La Loire vue du château de Montsoreau*.

Delusse et la Loire

Une rapide étude des oeuvres de Delusse suffit pour constater la fascination du peintre pour les cours d'eau, qu'il s'agisse de la Charente, admirée lorsqu'il était installé à Saintes, ou de la Loire maintes fois représentée alors qu'il habitait Angers. Les grands fleuves l'intéressent, mais les affluents et les petites rivières n'échappent pas non plus à son œil : la Beaumette, le Layon, la Maine, la Vienne, la Sarthe... Par le nombre, la Loire domine : sur les soixante dix-neuf dessins angevins de Delusse conservés au musée de la marine de Loire, trente-deux seulement ne représentent pas le fleuve. Traitée sous diverses formes, en premier plan devant un village riverain, en second plan travaillée comme toile de fond à un monument, en vision panoramique, la Loire est omniprésente. Delusse n'a pas, en fait, dessiné la Loire sur tout le cours du fleuve, mais entre Tours et Paimboeuf, dans l'estuaire. Toussaint Grille, le voisin de Delusse au logis Barrault à Angers déclarait que «les vues de la Loire forment une suite de jolis dessins dans lesquels se reconnaît un talent vrai, facile et original. L'aspect varié des sites, la richesse de la fabrique, l'agrément de la composition, le naturel des scènes qui les animent, tout est d'une vérité d'effet remarquable, senti et exécuté dans la perfection»[1]. Pour l'amateur ligérien de la fin du XXe siècle, au delà des «jolis dessins», ces vues constituent un précieux témoignage de la navigation et de la vie au bord du fleuve au début du XIXe siècle.

Sous le premier Empire, sous l'impulsion de Napoléon, un inventaire systématique des richesses artistiques de la France est commencé, favorisé par la mode des "voyages pittoresques et romantiques" illustrés, et par l'apparition d'une nouvelle technique de reproduction du dessin, la lithographie (1817), qui permettra une large diffusion de cette production. Au cours de leurs périples, ces dessinateurs de vues reproduisent les villes importantes et les monuments historiques. Certains se sont alors intéressés à la Loire, axe économique majeur à l'époque. Ainsi Deroy, dans un ouvrage de cinquante vues sur la Loire paru en 1836[2], représente, dans la partie du fleuve sur laquelle travaille Delusse (entre Tours et Paimboeuf), Tours, Luynes, la pile de Cinq-Mars, le château de Langeais, Saumur, le château des Ponts-de-Cé, Saint Florent et Nantes. Vingt ans plus tard, les frères Rouargue[3] s'arrêteront sur des choix similaires pour la même portion du fleuve (affluents compris) : Tours, Chinon, Angers, les Ponts-de-Cé, Saumur, Saint-Florent, Montjean, Ancenis, Nantes, Saint-Nazaire, Paimboeuf auxquels ils ajouteront, sous l'influence de la mode du thermalisme et des bains de mer, Saint-Aubin, le Croisic et Batz. Turner, dont la démarche est un peu différente, dans la mesure où il s'inscrit dans la coutume du "Grand Tour", retient, quant à lui de son voyage de 1826, pour l'illustration de l'ouvrage *Wanderings by the Loire*[4], les villes de Tours, Saumur, Montjean, Saint-Florent et plusieurs châteaux entre Ancenis et les Mauves.

A priori, on peut penser que Delusse s'inscrit dans ce profil de dessinateur de vues. En effet, les "grands classiques" de la Loire ne lui échappent pas, que ce soient les villes de Tours, Saumur, Angers, Saint-Florent, Montjean (port très actif à l'époque), ou les monuments historiques (la Pile de Cinq-Mars), châteaux (tel Clisson, source constante d'inspiration pour les artistes au XIXe siècle) et édifices religieux (abbayes de Saint-Maur ou de Cunault). Par ailleurs, certaines de ses œuvres sont suffisamment achevées pour laisser penser qu'il en ait envisagé la gravure. Certaines ont été lithographiées ; c'est le cas par exemple de la représentation de Notre-Dame des Ardilliers de Saumur (cat. 20) dessinée en 1810 et lithographiée en 1823. Cependant, ces cas restent exceptionnels, et Delusse n'a jamais fait paraître d'album de la Loire.

Enfin, comme les autres dessinateurs de vues, Delusse nous montre une Loire paisible, sereine, sans dangers ni intempéries ; seuls les mariniers d'Ingrandes affalent leurs voiles sous l'orage. (cat. 21). Orage d'ailleurs peu crédible : si les éclairs sont visibles au loin, les badauds du bord de Loire ne se précipitent pas à l'abri, le fumeur de pipe reste assis, impassible. Les orages violents, les brouillards empêchant de naviguer, les crues dévastatrices, les embâcles de l'hiver, Delusse les ignore. De la même façon, les traces du début de l'aventure industrielle du XIXe siècle sont systématiquement gommées : à Montjean (cat. 36), il n'esquisse même pas les cônes tronqués et trapus des fours à chaux, industrie pourtant si caractéristique de la ville.

La finalité de la démarche de Delusse est à chercher ailleurs que dans le dessin de vues. Il est avant tout, un observateur du lieu où il vit. En effet, la grande majorité des soixante dix-neuf dessins conservés à Châteauneuf a été exécutée entre 1806 et 1826, période pendant laquelle il dessine chaque année (exception faite de 1811). En 1806 il a 48 ans et il vit, depuis deux ans, à Angers où il exerce les fonctions de conservateur du Museum et de professeur de dessin. En 1826, c'est déjà un vieil homme, en très mauvais termes avec la municipalité d'Angers qui le congédiera d'ailleurs trois ans plus tard. Un seul dessin date de cette année 1829. Dessinant sur le motif, il suit la Loire, jusqu'à Tours en amont, et jusqu'à Paimboeuf en aval, deux localités quasiment équidistantes d'Angers.

Cette fréquentation régulière des rives et l'observation de l'activité dont elles sont animées est tout à fait perceptible dans son œuvre. A plusieurs années d'écart, Delusse revient sur les mêmes lieux. Ainsi, nous propose-t-il deux points de vue très similaires d'Oudon et de Champtoceaux en 1806 (Châteauneuf-sur-Loire, musée, inv. M 2781 A 15) et en 1810

(cat. 23), avec au premier plan à droite, la tour octogonale d'Oudon et la Loire en second plan dominée par les collines de Champtoceaux. D'années en années, Delusse note bien les évolutions. Il revient deux fois à Saumur en 1809 (cat. 30) et en 1825 (cat. 31) ; il s'installe sur l'île d'Offard pour regarder le bel alignement des monuments de la ville, sur le quai qui fait face à l'île, de Notre-Dame des Ardilliers au pont Cessart. Que de changements en seize ans ! Pas tant urbanistiques (il note cependant bien l'évolution du quartier Saint-Pierre), que dans l'atmosphère générale de la ville : si l'activité, aussi bien à terre que sur l'eau, est importante en 1809, le climat paraît plutôt morose en 1825 ; et Saumur, en effet, subit dans ces années-là un net déclin commercial et démographique : il n'a pas échappé à l'artiste.

Par ailleurs, il y a un grand souci didactique dans l'œuvre de Delusse. Les titres de ses oeuvres sont souvent longs et relativement détaillés. Il est très rare que les dessins ne soient pas précisément situés. Il localise toujours les lieux représentés par rapport aux grandes villes des bords du fleuve et le plus souvent par rapport à Angers sur la Maine : *Vue du Pont de César, dit vulgairement des Ponts de Cé, sur la Loire, a une lieue d'Angers* (cat. 13). S'il observe les rives du fleuve en se tournant vers l'amont ou vers l'aval, il indique toujours, par le titre autographe, la direction du cours, afin que l'on puisse bien s'orienter. Par exemple, tourné vers l'aval, *Vue des environs de Chantocêaux et d'Oudon sur la Loire, allant à Nantes* (cat. 33), ou regardant vers l'amont, *Vue d'une partie de la ville ou bourg de St Florent dit le Vieux sur la Loire, prise dans l'isle de Buzé, allant d'Angers à Nantes en 1809* (cat. 60). La précision de ces indications qui permettent de se repérer topographiquement montre le souci de Delusse de ne pas seulement montrer des paysages pittoresques. Son regard est très réaliste.

Delusse peut également porter sur la Loire un véritable regard d'historien. La représentation de personnages un peu inhabituels et en particulier les mouvements de troupes ne

Cat. 21 - *Manœuvre des voiles à Ingrandes* (détail).

Cat. 30 - *Soldats de l'armée de Napoléon sur le pont de Saumur* (détail).

sont jamais le fruit du hasard. Delusse datant quasiment toujours ses œuvres, il suffit bien souvent de faire des rapprochements : à Saumur en 1809 (cat. 30) des soldats napoléoniens traversent le pont : à la même époque, des milliers de soldats se dirigent vers l'Espagne en passant par la ville... En 1825, des soldats présentent les armes sur l'esplanade de Saint-Florent-le-Vieil, devant l'église (cat. 64) : cette même année, la population des Mauges célèbre le souvenir du passage de la Loire par l'armée vendéenne en 1793 et la grâce donnée par Bonchamps aux 5000 soldats républicains enfermés dans l'abbaye et menacés d'exécution : à cette occasion on installe la statue de Charles de Bonchamps exécutée par David dans l'église paroissiale. Cependant, si Delusse a l'habitude de titrer longuement ses dessins, il ne donne jamais d'explication sur ces évènements ponctuels qu'il représente.

En réalité, Delusse est bien plus un observateur des échanges qui font vivre le fleuve, qu'un admirateur de paysages : échanges d'une rive à l'autre, entre l'amont et l'aval, entre les gens de terre et les gens de l'eau, entre le fleuve et l'outre-mer. Il dessine à de multiples reprises les petits ports

angevins, noyau de l'économie fluviale et rurale, lien entre les lieux de production et les voies d'exportation, lieu de rencontre des sédentaires des rives et des nomades de l'eau. Delusse connaît bien toutes ces activités : à Saint-Mathurin un passeur s'arc-boute sur sa bourde (cat. 28), en l'absence de pont, on passe le foin d'une rive à l'autre entre Gennes et les Rosiers (cat. 37), sur les quais de Trève, assis sur des tonneaux, deux hommes sont venus à la rencontre des mariniers dont les bateaux sont ancrés au port (cat. 22) ; à Rochefort, les paysans cultivent les riches plaines alluvionnaires (cat. 40), alors qu'au large des Rosiers (cat. 39), de Saint-Mathurin (cat. 28), de Montjean (cat. 36), on procède au rouissage du chanvre, fraîchement coupé, au milieu du lit du fleuve : il servira plus tard à fabriquer des voiles. Dans l'estuaire, lorsque Delusse regarde vers l'Atlantique, ce ne sont pas seulement les bateaux à fort tonnage qui retiennent son attention, mais le va-et-vient des chalands et autres barques de Loire procédant au chargement et déchargement des marchandises échangées avec l'outre-mer (cat. 15 et 16).

Il est nécessaire de s'arrêter un peu sur le regard que porte Delusse sur les hommes et les bateaux. Dans les soixante dix-neuf dessins de Delusse, conservés à Châteauneuf, deux

Cat. 28 - *Passeur à Saint-Mathurin*.

Cat. 22 - *Tonneaux sur le quai à Trèves* (détail).

seulement ne comportent pas de personnages (les ruines d'une église dédiée à Saint-Nicolas d'Angers (Châteauneuf-sur-Loire, musée, inv. M 2781 A 51) et les ruines de Saint-Offrange (cat. 66). En effet, son œuvre est peuplée d'hommes, de femmes et d'enfants, chacun occupé à diverses activités, exerçant souvent leur métier. On ne peut manquer d'être séduit par tous ces utilisateurs du fleuve, les

nombreux mariniers à bord de leurs bateaux, le passeur qui fait traverser le fleuve à quatre personnes et un âne (cat. 28), les lavandières représentées dans les étapes successives de leur tâche, du lavage à l'étendage, sur les rives de l'Authion (cat. 25), les meuniers, bourde sur l'épaule, traversant le pont de retour de leur moulin-bateau (cat. 27). Par ailleurs, quelques scènes sont très pittoresques, tel cet âne qui, dans

Cat. 37 - *Barques chargées de foin à Gennes* (détail).

Cat. 36 - *Bateaux au milieu de la Loire à Montjean* (détail).

Cat. 15 - *Bateaux dans l'estuaire de Paimboeuf* (détail).

une ruade, jette à terre tout son chargement de bois devant l'abbaye de Marmoutiers (Châteauneuf-sur-Loire, musée, inv. M 2781 A 67), ou le peintre, croquant sur le vif une femme et ses enfants sous l'œil attentif d'un laboureur à Ancenis (cat. 3). Cependant, ces personnages répondent bien souvent à des stéréotypes, et les rives, si animées, le sont bien souvent par les mêmes : le chasseur et son chien, le charretier, le muletier, le pêcheur à la ligne, la lavandière battant le linge ou le remportant sur sa tête, la bergère et ses moutons, la femme jouant avec ses enfants, le fumeur de pipe et bien souvent, le peintre lui-même, au travail. Les années passent et régulièrement, on les retrouve, inchangés, à un tel point qu'ils nous deviennent familiers, tels qu'ils l'étaient probablement à Delusse.

Comme les personnages, les bateaux aussi sont nombreux dans les dessins de Delusse ; le plus souvent ils remontent le fleuve, voile déployée. L'artiste était très probablement fasciné par ces grandes voilures blanches, tel Jean de la Fontaine qui plus de deux siècles plus tôt (1661) déclarait : «Les voiles des bateaux sont fort amples ; cela leur donne une majesté de navire !» Les bateaux à voile dessinés par Delusse sont, la plupart du temps, des chalands ou des futreaux. Il ne représente que rarement de grands bateaux de transport parcourant de longues distances : d'une manière générale, ses bateaux sont petits, plutôt destinés à un transport local (ils ont d'ailleurs à leur bord aussi bien des personnes que des marchandises). La piautre, énorme gouvernail qui sert à diriger et à équilibrer le bateau, est toujours bien dessinée. Cependant, il ne faut pas chercher trop de détails concernant la morphologie des bateaux chez Delusse : bien souvent ce ne sont que des silhouettes plus ou moins précisément esquissées. Sur aucun d'entre eux, par exemple, on ne distingue le guinda, treuil situé à l'arrière et qui servait à abaisser le mât, élément pourtant très caractéristique du bateau de Loire. La présence quasi systématique de la voile hissée, montre que Delusse n'a représenté les bateaux qu'à la remonte, c'est-à-dire en sens inverse du courant. A la descente en effet, les bateaux naviguaient sans voile, portés par le courant. Le voyage dans ce sens-là n'est pas représenté. Lorsqu'ils n'ont pas de voile ou lorsque le mât est abattu, comme à la pierre Bécherel (Châteauneuf-sur-Loire, musée, inv. M 2781 A 59) ou à la jonction de la Loire et de la Vienne (cat. 19), les bateaux sont bien souvent à l'ancre.

Les bateaux remontaient le fleuve à la voile, de façon isolée ou «en train», technique qui consistait à attacher en file plusieurs bateaux afin de réduire le nombre d'hommes d'équipage. Souvent chez Delusse les bateaux sont seuls ; on remarque cependant quelques beaux «trains», dont celui qui passe devant Notre-Dame des Ardilliers à Saumur (cat. 20). Lorsqu'il n'y avait pas suffisamment de vent les bateaux pouvaient être halés à col d'homme, voile affalée et mât abattu. Delusse ne représente jamais cette manœuvre. De même, le passage des ponts, très caractéristique, est peu évoqué par Delusse : à la remonte, il fallait en effet affaler les voiles et abaisser les mâts afin de pouvoir passer sous les arches. Cette opération, appelée «endremage» est visible sur un unique dessin : à Saumur (cat. 31), un train de deux chalands à la remonte a affalé ses voiles en aval du pont ; les mâts ne sont pas encore abattus, mais un marinier, à l'avant du premier bateau, inspecte le fond du lit du fleuve à l'aide de sa bourde. La seule opération de bord que Delusse détaille avec précision est celle qui consiste à affaler les voiles : apparemment pris dans un orage à Ingrandes (cat. 21), les mariniers s'activent ; il est rare que Delusse observe l'équipage d'un bateau d'aussi près : le côté précipité d'une manœuvre faite dans la panique l'a très certainement amusé.

En ce qui concerne les autres types de bateaux ayant navigué en basse Loire à cette époque, seules les sapines sont parfois représentées : longs bateaux en sapin à fond plat, sans voile, et construits en haute Loire à Saint-Rambert ou Saint-Just, elles ne faisaient qu'un seul voyage, à la descente, à l'issue duquel elles étaient «déchirées» ; alors que l'on vendait le bois de leurs bords, l'équipage remontait à pied, économisant ainsi les dépenses de halage. Delusse les a très peu représentées ; un très beau «couplage» (elles faisaient sou-

Cat. 25 - *Laveuses à Beaufort* (détail).

vent le voyage par deux, attachées l'une contre l'autre, de façon légèrement décalée) est situé devant Saint-Maur (cat. 71) ; on distingue très bien le chargement à l'arrière (du

Cat. 27 - *Laveuses et Moulin pendu* (détail).

charbon ?) et la longue cabane servant d'abri à l'équipage au centre du bateau. Il semble qu'il y en ait une autre devant le bourg des Rosiers (cat. 39). Leur sous représentation n'est pas si étonnante dans la mesure où beaucoup quittaient la

Loire à Briare pour rejoindre Paris via le canal. En revanche, on peut s'étonner qu'il n'y ait dans l'œuvre de Delusse aucuns «accélérés». Ces bateaux parfois surnommés «cul de poule», en raison de la forme arrondie de leur coque, sont apparus en Loire vers les années 1820 ; souvent construits dans la région de Saumur, ils n'étaient pas destinés à naviguer au-delà d'Orléans en raison du manque de profondeur d'eau. Leur coque arrondie et leur voile double sont très spécifiques et n'ont pas échappé au regard de Turner lors de son voyage de 1826 : il les représente en effet devant Montjean[5]. De la même manière, Turner, dans ses carnets, a esquissé, lors de cette année 1826, les bateaux à vapeur, le premier ayant été lancé en Loire en 1822. Or cette petite révolution dans la navigation n'a certainement pas manqué d'attirer le regard des riverains. Seule une gravure très tardive, parue dans *La France Pittoresque Maine et Loire* après 1834, et réalisée d'après un dessin de Delusse, témoigne de cette navigation à vapeur. Même questionnement pour le transport du bois par radeau, détaillé deux fois par Turner, à Saumur et devant le château Hamelin[6] et totalement absent des dessins de Delusse. Finalement, les bateaux que l'on rencontre le plus fréquemment chez Delusse, outre les chalands et futreaux, sont des barques plates sans voile. Le regard que porte Delusse sur les bateaux, semble donc très parcellaire. Un certain nombre de bateaux ne sont pas représentés alors même qu'ils ont attiré l'attention de ses contemporains. On peut se demander si Delusse ne préférait pas l'animation que ces bateaux procuraient au fleuve, aux bateaux eux-mêmes. Là encore, comme pour les personnages, il ne se prive pas de reproduire plusieurs fois le même modèle. Une scène représentant deux mariniers à la bourde en train de manœuvrer une barque se retrouve de façon identique sur deux dessins : aux îles Lambardières (cat. 38) et au port de Tours (cat. 29) ; seule différence : dans le premier cas le bateau est occupé par des femmes, dans le second, il est chargé de marchandises. Par ailleurs ce dernier est exactement identique à un bateau représenté sur une gravure du port d'Orléans de Wulfcrona : une partie des scènes de Delusse est certainement réalisée sur le vif et l'autre travaillée en atelier.

Si les formes précises des bateaux et les équipages à la manœuvre sont peu détaillés, on constate le même phénomène pour les chargements. Les marchandises sont bien souvent en tas, au point qu'il est difficile d'en distinguer la nature. Il s'agit probablement souvent de foin ; on trouve également beaucoup de tonneaux, ainsi que des petits ballots rectangulaires.

Il ne faut donc pas se figurer l'œuvre de Delusse comme l'exact reflet de la vie portée par le fleuve au début du XIXe siècle. Il est la traduction d'un mode de travail artistique, le dessin sur le motif, et des rêveries d'un homme fasciné par l'activité du fleuve. Il demeure cependant l'émouvant témoignage d'une Loire vivante, bien éloigné de ce que l'on a coutume d'appeler aujourd'hui un fleuve sauvage.

Catherine Dupraz-Plantiveau

(1) Courajod, 1874.

(2) *Les rives de la Loire dessinées d'après nature et lithographiées par Deroy en 50 vues avec une carte du cours de ce fleuve*, Motte, Paris 1836.

(3) Rouargue frères, *Album des bords de la Loire composé de cinquante magnifiques gravures sur acier tirées sur papier de chine, représentant les villes, bourgs et châteaux les plus remarquables de la source de ce fleuve à son embouchure dans l'océan*, Paris 1856.

(4) Leitch Ritchie, *Wanderings by the Loire,* illustré de vingt gravures de J.M.W. Turner, Londres, 1833.

(5) *Ibid.*

(6) *Ibid.*

Cat. 32 - *Bateaux à la remonte* (détail).

Cat. 20 - *Train à Saumur* (détail).

Ill. 1 - Anonyme, *Silhouette de J.-J. Delusse*, Angers, musée des Beaux-Arts.

Delusse dans les collections
des musées d'Angers

En 1989, le musée de la Marine de Loire de Châteauneuf-sur-Loire faisait l'acquisition de 79 dessins de Jean-Jacques Delusse[1], celle-ci était importante à plus d'un titre : d'abord parce qu'elle remettait l'accent sur un peintre qui avait été négligé et qui n'était le plus souvent cité que pour les fonctions qu'il avait occupées à Angers : professeur de dessin, conservateur du musée à partir de 1804, ou encore pour ses liens d'amitié avec la famille de David d'Angers, mais surtout ces vues de la Loire et des sites ou monuments qui la bordent, complétaient le fonds d'Angers, constitué d'œuvres se rapportant soit à la famille de David d'Angers, soit à l'illustration d'Angers et ses environs.

En effet, les principales œuvres de Delusse conservées dans les musées d'Angers proviennent de la propre collection de David d'Angers et furent soit données par son épouse Emilie,, soit par sa fille, Hélène Leferme, ou encore son fils, Robert David.

De sorte que ce fonds témoigne des relations amicales que Delusse entretint avec la famille David. Le peintre fut d'abord lié avec le père de David, menuisier ébéniste, républicain et franc-maçon. Mais très vite, une durable affection le lie avec Pierre-Jean qui suit ses cours de dessin à partir de 1806. Il l'encourage à devenir sculpteur et pour cela à monter à Paris malgré les réticences de ses parents.

David évoquera plus tard le souvenir de son maître : «... lorsqu'avant le jour j'allais chez mon bon maître, M. Delusse, pour dessiner quelques heures avant d'aller à l'atelier de mon père. De la salle de dessin, je voyais de beaux marronniers qui recevaient les premiers rayons du soleil et ce réveil de la nature me faisait un si grand plaisir que je n'en ai pas perdu le souvenir, d'autant plus qu'à ce souvenir se joint celui de mes enthousiastes projets d'avenir pour l'art que j'étudiais. Dès l'âge de huit ans ma tête fermentait déjà»[2].

En 1870, H. Jouin décrira un croquis en possession de Robert David qui est daté de 1807 et qui représente un site près d'Angers, la Pierre-Bécherelle. Delusse l'aurait annoté pour indiquer qu'il s'agissait du premier dessin d'après nature exé-cuté par le sculpteur. Cette annotation aurait aussi évoqué aussi le repas frugal que les deux artistes auraient pris au pied de la Pierre-Bécherelle, sur les bords de la Loire[3], site dont nous connaissons plusieurs dessins par Delusse. Un autre dessin inédit de David d'Angers offert au musée d'Angers, en 1906, par sa fille, Hélène, représente "Le Pont Barré par David d'Angers et son maître Delusse"[4], c'est actuellement le premier dessin identifié du sculpteur (ill. 2), même si la contribution de son maître est indéniable. Il témoigne d'un commun intérêt pour la rivière du Layon et pour un ouvrage d'art lié aux guerres de Vendée ; là où Bouchamp, le 19 septembre 1893, vainquit les armées républicaines et où le père de David d'Angers fut fait prisonnier.

Ill. 2 - J.-J. Delusse et P.-J. David d'Angers, *Le pont barré*
(Angers, musée des Beaux-Arts, inv. MBA 364.40.48).

De la période angevine de David d'Angers, Delusse laisse plusieurs portraits de famille, celui de sa mère (cat. 7), celui du futur sculpteur adolescent (cat. 9), et surtout un portrait de la famille David dans l'atelier paternel (cat. 10). Delusse a dessiné d'après ce grand dessin deux petits portraits (cat. 11 et 12) ; ce sont sûrement ceux qui décorèrent la modeste chambre de David lors de son premier séjour parisien à côté d'une *Vue de la ville d'Angers* qui lui avait été donnée par son «bon et excellent maître : M. Delusse»[5] ; cette dernière doit être la «petite gravure *(La ville d'Angers)*» qui se trouvait encore dans la chambre occupée par David dans sa maison parisienne de la rue d'Assas à son décès[6].

Par la suite, les liens entre Delusse et David ne se démentirent jamais. On peut penser que lors de ses rares séjours à Angers, David ne manquait jamais l'occasion de rendre visite au conservateur du musée des Beaux-Arts et d'engager avec lui de longues promenades dans la ville ou aux alentours. Mais le conservateur sut aussi favoriser l'entrée des premières œuvres de David au musée. Dans le catalogue qu'il publie en 1816, il mentionne l'acquisition de quatre d'entre elles : *Othryades blessé à mort, écrivant sur bouclier des vaincus* (n° 203), *Tête d'expression représentant la douleur* (n° 204), *Mort d'Epaminondas* (n° 205), et *Tête d'Ulysse* (n° 206). Leur origine est indiquée à la fin du catalogue : «les quatre morceaux ont été donnés à la ville d'Angers par leur auteur, auquel cette ville se fait gloire d'avoir donné le jour, et qu'elle cite avec orgueil parmi les sujets les plus distingués»[6].

Lorsque la mère, puis le père de David décèdent, le premier en 1809, le second en 1821, Delusse signe les actes de décès et accompagne les défunts jusqu'à leur dernière demeure. David a relaté les obsèques de son père : «Par une soirée d'hiver, en 1821, à travers un épais brouillard, on vit passer deux hommes chargés d'un cercueil. Ils marchaient, suivis du prêtre et de l'enfant de chœur portant l'eau bénite. Un homme âgé, tremblant de froid et de vieillesse, suivait à pas inégaux, et la tête penchée sur la poitrine, les restes de l'ami dont il avait si constamment partagé et adouci les chagrins : c'était le respectable Delusse, peintre d'histoire, bienfaiteur du fils de David. Cet homme de bien voulut accompagner jusqu'à sa dernière demeure celui dont il avait apprécié les nobles qualités. La chère mémoire du défunt, qui devait nécessairement laisse la foule indifférente, eut du moins un sanctuaire dans le cœur du fils du sculpteur et dans celui de son excellent ami»[7].

Cat. 7 - Portrait de Marie-Françoise Lemasson (1753-1809).

Si les séjours de David à Angers se font rares, nous avons toutes les raisons de penser que lorsqu'il s'est préoccupé de concevoir le monument à Bonchamps pour Saint-Florent-le-Vieil, il fit plusieurs voyages dans cette ville, accompagné peut-être de son ami Delusse qui nous a laissé plusieurs dessins du site à des dates différentes. Celui-ci était sûrement présent, en 1825, le jour de l'inauguration du monument comme en témoigne un dessin sur lequel nous sommes enclins de reconnaître la silhouette du vieux peintre et celle du sculpteur dessinant côte à côte (cat. 64).

C'est au cours de ce séjour que David fut frappé par l'indigence de son maître et qu'il essaya de lui venir en aide en éditant ses dessins en lithographie et en ouvrant une souscription. Ne lit-on pas en juin 1825 dans le journal de Louis Pavie cette annonce : «Delusse, conservateur des tableaux au Musée d'Angers, professeur de Dessin au Collège Royal et à l'Ecole gratuite municipale, après avoir, à plusieurs reprises, parcouru les rives de la Loire, et en avoir dessiné sur ses lieux les Vues les plus intéressantes, désir les offrir au public, par la voie d'un des plus habiles Lithographes de la Capitale, et propose, pour cet effet, la souscription suivante : *la Vue d'Angers, prise de Reculée/Celle des Ponts-de-Cé/Celle d'une portion de Saumur et du pont/Celle de St-Florent-le-Vieux/Enfin celle de Paimboeuf et de son chantier*/un pied sept pouces et demi./M. David, sculpteur, ancien élève de M. Delusse, aura la bonté de surveiller à Paris la confection de ces estampes»[8].

Certaines lithographies furent bien éditées mais elles ne connurent pas le succès escompté. Le 25 août, David écrit à Pavie : «Dans quelques jours vous ferez bien, je pense, de dire à mon brave maître M. Delusse, que je lui ai trouvé des souscripteurs, celà lui donnera du courage. Je regrette beaucoup que mes moyens ne me permettent pas de lui être utile d'une manière plus digne de ma reconnaissance. Employer tous les moyens possibles pour lui trouver des souscripteurs»[9].

Pour survenir à ses besoins, Delusse continue de donner des «cours publics et gratuits de Dessin» ayant pour but l'instruction de la classe des artisans peu fortunés»[10].

Plus tard, lorsque la ville d'Angers met fin à ses fonctions de conservateur et de professeur de dessin, le sculpteur s'indigne et écrit : «Je suis bien profondément affligé de la nouvelle concernant notre ami Delusse. Pauvre vieillard ! Par ce coup on l'assassine. Cela me paraît une infamie. N'était-il pas possible d'attendre encore quelque temps afin de laisser finir doucement à ce vieillard le peu d'années qu'il lui reste à vivre ! Quelle rage subite pour les arts vient de prendre à nos compatriotes ? Il y a à peu près six ans que j'avais eu le bonheur de détourner un semblable coup qui se tramait contre notre pauvre ami»[11].

A la mort de David, dans l'inventaire de ses biens, seule une œuvre de Delusse est mentionnée, le n° 526[12], le portrait de la *Famille David d'Angers* (cat. 10). Il fut donné au musée des Beaux-Arts par sa veuve, Emilie, qui informe ainsi le conservateur de son envoi : «Je fais mettre au chemin de fer deux caisses destinées à votre musée. L'une contient un dessin de Delusse représentant la famille David (elle n'est pas vue en beau) mais cela a pourtant un certain intérêt historique»[13]. Les souvenirs et portraits de famille ne furent pas alors dispersés, et sont ensuite entrées par donation ou legs, dans les mains de ses enfants.

En 1903, Hélène donne deux dessins de Delusse[14], le portrait de Pierre-Louis David et celui de Madame David mère, sûrement les deux qui étaient accrochés dans sa chambre parisienne du jeune sculpteur (cat. 11 et 12).

Cat. 9 - *Portrait de P.-J. David d'Angers enfant.*

Le 25 juillet 1906, elle annonce à Brunclair, conservateur du musée des Beaux-Arts d'Angers, l'envoi au musée de quinze albums de dessins[15], en fait parmi ceux-ci, dix albums factices dont un pourrait s'apparenter à *liber amicorum* constitué par Jouin après qu'il eut récupéré de Robert ou d'Hélène, ou des deux à la fois, des dessins d'artistes de la collection de David, et dans lequel se trouvent, parmi beaucoup d'autres, quatre dessins de Delusse, deux vues dessinées à des périodes différentes de Saint-Florent-le-Vieil (cat. 61 et 63) ; une de l'église de Chaumont (cat. 69) ; le quatrième, jusque là non attribué, représente David d'Angers enfant (cat. 8), sans compter le dessin de David d'Angers auquel Delusse a collaboré.

L'ensemble des dessins et peintures provenant directement des héritiers de David comporte donc 7 numéros. Le *Portrait de Marie-Françoise Lemasson* a été acquis par le musée des Antiquités en 1918. Enfin, mais il ne s'agit plus de David, celui de Toussaint Grille a été acquis par ce même musée en 1929.

En 1851, à la vente de Grille[16], ancien bibliothécaire à Angers, dont Delusse nous a laissé un portrait (cat. 1), deux lots d'œuvres du dessinateur, soigneusement rangées et décrites, sont dispersés. L'un, n° 485, comprenait «quatorze vues d'Angers ou des environs et exécutées au lavis», l'autre, n° 486, «soixante-huit pièces : vues de la ville d'Angers, villes, châteaux et sites de la province d'Anjou», etc., exécutées au lavis. Tous deux sont acquis, le premier pour 10 francs, le second pour 50, par le peintre angevin Guillaume Bodinier (1795-1872)[17]. Si celui-ci légua en 1861 l'ensemble de son œuvre et de nombreux dessins de sa collection au musée des Beaux-Arts d'Angers, aucun dessin de Delusse n'entra alors dans nos fonds.

Cat. 64 - J.-J. Delusse et P.-J. David d'Angers dessinant à Saint-Florent-le-Vieil en 1825 (détail).

Cat. 41 - *Angers, église et tour de l'abbaye Saint-Nicolas.*

On peut néanmoins penser que les vues d'Angers et de ses environs composant le premier lot sont par la suite entrées au musée des Antiquités. Ne faudrait-il pas les reconnaître parmi les 14 dessins - le même nombre que le lot n° 485 - légués par Auguste Michel en 1918 qui représentent les principaux monuments ou sites d'Angers et de ses environs immédiats ?

Né en 1840, Michel a pu avoir la possibilité, lui qui était féru d'iconographie locale, de côtoyer Bodinier lorsque celui-ci fut nommé conservateur honoraire du musée d'Angers en 1850. Il aurait pu acquérir ces dessins directement de leur propriétaire ou par un intermédiaire. De même, et même si le nombre est légèrement différent – 79 dessins -, il y a toute probabilité pour que le second lot corresponde aux dessins acquis par le musée de la Marine de Loire de Châteauneuf-sur-Loire en 1989.
Grille ne nous a-t-il pas laissé une petite note manuscrite dans laquelle il commente les vues de la Loire en sa possession : «Les vues de Loire [qui] forment une suite de jolis dessins dans lesquels se reconnaît un talent vrai, facile et original. L'aspect varié des sites, la richesse de la fabrique, l'agrément de la composition, le naturel du fleuve qui les anime, tout est d'une vérité d'effet très remarquablement senti et exécuté dans la perfection»[18].

Ce fonds important conservé à Angers évoque d'abord le lieu, le logis Barrault, où Delusse travaillait et habitait lors de son séjour angevin. Il dessine avec précision sa façade (cat. 58) mais aussi la vue vers la Maine qu'il avait depuis son logement (cat. 5). Ensuite, il peint les principaux monuments de la ville, le château dans ses différents aspects (cat. 43), la tour Saint-Aubin (cat. 53) ; enfin, les sites variés qui l'entourent, le coteau de l'Evière (cat. 45 et 46), l'abbaye Saint-Nicolas (cat. 41 et 42), les ruines du château de Molières (cat. 44), le site de la Baumette (cat. 54 à 56), le lieu-dit des Fours à Chaux situé entre la Chalouère et la Maine (cat. 47), le domaine de La Barre (cat. 48). Il met aussi l'accent sur la Maine et son activité, entre autre il dessine le premier bateau à vapeur qui relie la Doutre à la Cité (ill. 3).

Que Grille ait possédé de nombreux dessins de Delusse est normal puisqu'ils furent voisins, et intéressant puisque leurs acquisitions prouvent une commune préoccupation pour l'illustration de l'histoire des monuments de l'Anjou. Nous pourrions également envisager que Grille ait passé commande auprès du dessinateur de vues de monuments de la région. Par exemple, lorsqu'il fut chargé par le baron de Wismes de mener des recherches sur les monuments religieux détruits sous la Révolution, ne réclame-t-il pas l'aide d'un dessina-

teur ?[19] Plusieurs des dessins qui nous sont parvenus évoquent des monuments disparus : l'Evière à Angers (cat. 45 et 46) représente l'église et le cloître de l'Evière qui, s'ils ne furent pas démolis à la Révolution, furent vendus, puis détruits en 1825 ; l'abbaye de Saint Nicolas (cat. 41) est en partie en ruine, alors qu'elle avait été sécularisée à la Révolution et affectée à des usages de caserne et d'hôpital militaire ; le château de Molière (cat. 44) est lui aussi en ruine lorsque Delusse le représente.

Ill. 3 - J.-J. Delusse, *Un bateau à vapeur sur la Maine* (détail) (Angers, musée des Beaux-Arts, inv. AMD 1288.10).

Ces dessins ont pu être commandé par le collectionneur érudit à son collègue et ami. Ainsi, les nombreuses ruines de monuments de Delusse, comme celles de Peter Hawke, Dussouchay, Barbot, ou de beaucoup d'autres artistes qui furent vendus lors de la succession Grille, pourraient s'inscrire dans l'inventaire systématique qu'il a entrepris des sites et monuments de l'Anjou dans son souci de «faire le dénombrement, l'inventaire général de ce qui existait, de ce qui a été mutilé, renversé et détruit par le vandalisme, et de ce qui nous reste aujourd'hui»[20]. Au projet de décrire la Loire, Delusse, comme Grille, aurait eu celui de décrire les ruines et les monuments de l'Anjou.

Cet ensemble documentaire important sur l'histoire d'Angers et de ses environs a été utilisé pour illustrer, après avoir été tiré en gravure ou en lithographie, des monographies sur l'architecture et les monuments d'Anjou. Par exemple la *Vue des environs de la turcie près de Reculée* (musées d'Angers, AMD 873.2) et celle de l'*Eglise et tour de l'abbaye Saint-Nicolas* (musées d'Angers, AMD 918.42) sont insérées dans le *Bulletin historique et monumental de l'Anjou* ; en 1834, certaines de ces gravures illustrent (musées d'Angers, inv. AMD 1288.10) *La France pittoresque.*

Enfin, le musée conserve deux tableaux importants *Saint Vincent de Paul visitant les religieuses* (cat. 4) et *Saint Louis consolant les blessés* qui furent commandés au peintre en 1816 et déposés par l'hôpital d'Angers au musée des Beaux-Arts en 1966.

Patrick Le Nouëne

(1) Consulter le numéro consacré à «Jean-Jacques Delusse peintre 1758-1835», *Bulletin de la société des Amis du musée de la Marine de Loire du vieux Châteauneuf et de sa région*, n° 64, juin 1991.

(2) Bruel, 1958, t. 2, p. 301.

(3) Jouin 1870, p. 26.

(4) Lettres d'Hélène Leferme au conservateur du musée d'Angers, 11 février 1903 (Angers, musée des Beaux-Arts).

(5) Bruel, 1958, , t. 2, p. 237.

(6) De Caso, 1980, pp. 85-97, p. 86.

(7) *Nouvelle notice des tableaux du Museum d'Angers*, Angers, 1816, p. 106.

(8) Jouin, 1878, t. 1, p. 128.

(9) Ces cinq vues étaient vendues au prix de 6 francs ; s. s., «Beaux-Arts», *Affiches d'Angers*, 14 juin 1825.

(10) Lettre du 25 août 1825, Jouin, 1890, p. 16.

(11) *Affiches d'Angers*, 4 novembre 1825, p. 4.

(12) Lettre à Louis Pavie, 13 mars 1829, Jouin, 1890, p. 41.

(13) «Dessin de M. Delusse *(famille de M. David d'Angers)*», J. de Caso, 1980, art. cit., p. 89.

(14) Jeudi 22 juillet.

(15) Jouin, 1908, p. 370.

(16) Angers, musée des Beaux-Arts, lettre citée in Jouin, 1908, p. 375. Hélène Leferme avait annoncé en 1901, l'envoi de "deux dessins lavis du peintre Delusse". Elle les décrit aussi comme : "deux encres de Chine de M. Delusse" (Angers, musée des Beaux-Arts). En 1903, elle envoie "deux lavis de Delusse, St-Florent-le-Vieil et autres des environs d'Angers" (Angers, musée des Beaux-Arts). Ce sont ces dessins réunis en "quinze albums de dessins" dont parle Hélène Leferme dans sa lettre du 25 juillet 1906.

(17) *Catalogue des collections de feu M. Toussaint Grille d'Angers*, vente à partir du 28 avril 1851, Angers, 1851.

(18) *Ibíd* (Mention manuscrite dans le catalogue de la vente conservée au musée des Beaux-Arts d'Angers).

Cat. 13 - *Bergère filant aux Ponts-de-Cé* (détail).

Notices des œuvres

Auteurs des notices : Olivier Biguet, conservateur, inventaire général de la ville d'Angers ; François Comte, conservateur, archéologue de la ville d'Angers ; Michèle Dupont ; Catherine Dupraz-Plantiveau, attachée du Patrimoine, musée de la Marine de Loire, Châteauneuf-sur-Loire ; Patrick Le Nouëne, conservateur en chef, musées d'Angers ; Catherine Lesseur, conservateur, musées d'Angers ; Jacques Mallet, docteur en archéologie médiévale

1 – LE PEINTRE

Cat. 3 - *J.-J. Delusse peignant à Ancenis* (détail).

1 - *Portrait de Toussaint Grille*
repr.coul. p. 12
1807.

Huile sur toile.
H. 0,740 ; L. 0,620.
Signé et daté : *Delusse pinxit 1807.*
Acq. : Acquis par le musée des Antiquités, le 22 juin 1929, auprès de Madame veuve Body.

Angers, musée des Beaux-Arts (inv. MA 7.R.723).

Bibl. : Port, 1874-1876, art. «Grille (Toussaint) ; Port, rééd., 1978, art. «Delusse» ; Arch. municipales, 2.R.38 ; cat. exp. 1991, Châteauneuf-sur-Loire, notice p. 23 ; Chancel, cat. exp. 1992, Angers, p. 32 ; Giraud-Labalte, 1996, p. 135, fig. 50.
Exp. : 1989, Angers, Bibliothèque municipale ; 1991, Châteauneuf-sur-Loire, notice p. 23 ; 1992, Angers, n° 23, repr. p. 32.

Ce tableau a été acquis à Madame Body par le musée des Antiquités d'Angers, en 1929, avec d'autres portraits en relation avec la famille Grille, celui de la mère de Toussaint, Madame Marie Ligier (inv. MA 7.R.721), et de sa sœur, Madame Pierre Urbain Leclerc (inv. MA 7R722).

Le conservateur du «Museum d'Angers» représente son collègue, Toussaint Grille (1766-1850), directeur de la bibliothèque municipale de la ville de 1803 à 1837 et conservateur des antiquités au cabinet d'histoire naturelle à partir de 1819. Tous deux logeaient alors au logis Barrault (cat. 58).

Après avoir été novice à l'abbaye Toussaint d'Angers puis curé de Chambellay, Grille est revenu à la vie laïque pendant la Révolution. Il se consacre ensuite à l'étude et la sauvegarde des richesses bibliographiques et archéologiques de l'Anjou. En 1804, il est membre du conseil municipal d'Angers.

Outre son travail d'organisation et d'érudition, il est connu pour son importante collection de lettres, de gravures et d'objets d'art antiques et médiévaux. Lors de sa dispersion en 1851, des pièces importantes furent acquises par le musée des Beaux-Arts d'Angers et par le musée du Louvre.

C'est au cours de cette vente que furent dispersés deux lots de dessins de Delusse acquis par Bodinier.

Delusse a représenté Grille à l'âge de 41 ans. Il est montré de trois quarts, tête tournée de face. Son visage est rougeaud. Sur son front, de grands cheveux bruns retombent par boucles. Des grands yeux brun-vert, fixes, soulignés par de fins sourcils, expriment l'intelligence, la curiosité et la vivacité de l'esprit. La blancheur de sa chemise au col montant ornée d'un jabot en dentelle contraste avec le noir de la redingote terminée par un haut col relevé. Ce portrait, tout à la fois austère et distingué, se ressent de la formation de Delusse auprès de Vien.

PLN

2 - *Tête d'homme barbu*
1814.

Pierre noire, fusain sur papier.
H. 0,590 ; L. 0,455.
Signé et daté, en bas et à gauche : *Dessiné par M. De Lusse, 1814.*
Inscription, au dos : *la jeune Anglarde* (?)
Acq. : Legs Auguste Michel, 1918.

Angers, musée des Beaux-Arts (inv. AMD 54.1).

Bibl. : cat. exp. 1991, Châteauneuf-sur-Loire, notice p. 22, Lesschaeve, 1996, n° 239.

Parmi les œuvres connues de Delusse, cette étude de tête d'un homme barbu est exceptionnelle et diffère des autres. L'homme est montré en buste, les épaules et la poitrine couvertes par un habit indécis, sorte de vêtement en bure. La tête est légèrement relevée et tournée vers sa droite. Les traits sont forts et énergiques. Le regard est lointain. L'ensemble est inséré sous une ample chevelure et une barbe de patriarche dessinées à l'aide de longues lignes ondoyantes. Il doit s'agir d'une tête d'étude destinée au cours que Delusse prodiguait à Angers.

PLN

3 - *Ancenis*
1815.

Lavis.
H. 0,225 ; L. 0,322.

Signé et daté : *Dessiné par J.J. Delusse 1815.* Inscription en bas et au centre, à l'encre brune : *Vue prise de la petite ville d'Ancenis sur les bords de la Loire à 12 lieues d'angers, allant a Nantes.*
Acq. : Achat avec l'aide du Fonds Régional d'Acquisition pour les Musées, 1989.

Châteauneuf-sur-Loire, musée de la Marine de Loire (inv. M 2781 A 46).

Exp. : 1991, Châteauneuf-sur-Loire, notice p. 26.

La petite ville d'Ancenis et son port intéressent peu Delusse en cette année 1815. Ils servent seulement de décor à une situation que l'on retrouve à six reprises dans les lavis connus aujourd'hui (Châteauneuf-sur-Loire, inv. M 2781 A 1.3.6.23.29.46), celle du peintre placé à l'intérieur de son œuvre.

L'artiste s'est véritablement mis en scène : assis de dos face au paysage et aux modèles, il est vêtu d'une culotte claire, d'une redingote et d'un sombre chapeau romantique à large bord protégeant du soleil. Il nous renvoie à ses personnages ; une paysanne sous la coiffe blanche de l'Anjou, entourée de ses trois enfants, et le témoin : un homme. Il regarde Delusse travailler et la jeune femme prendre la pause ; trois regards s'entrecroisent, et ce jeu de regards rejoint par là, à sa modeste place, de grands chefs-d'œuvre de la peinture.

Six autres oeuvres présentent le peintre au travail sur le motif. Pour ajouter au réalisme de la scène, il place parfois auprès de lui les accessoires de sa journée : le panier d'osier contenant les provisions et la bouteille. Est-ce le vin qui y rafraîchit ou l'eau nécessaire à la mise en route du lavis ?

MD

4 - *Saint Vincent de Paul et les religieuses hospitalières*
repr. coul. p. 15
1816.

Huile sur toile
H. 2,00 ; L. 2,60.
Signé et daté, en bas à droite : *Delusse et Bazin, pinxt 1816.*
Hist. : Commande de l'hôpital d'Angers ; dépôt, 1966.

Angers, musée des Beaux-Arts (inv. MBA 80.5.1).

Bibl. : Denais, 1907, p. 180-181 ; cat. exp. 1991, Châteauneuf-sur-Loire, notice p. 23 ; Jacobzone et David, 1994, p. 40.

Avant 1816, Delusse reçut commande de deux tableaux pour l'hôpital

d'Angers : d'une part un *Saint Louis consolant un blessé* (Angers, musée des Beaux-Arts, inv. MBA 1620), et d'autre part un *Saint Vincent de Paul et les religieuses hospitalières,* lequel décorait l'escalier du pavillon réservé aux femmes.

A l'intérieur d'une église d'architecture classique qui se découvre au-delà d'une draperie verte, Delusse représente à droite saint Vincent de Paul qui se tient debout devant un fauteuil. Il est revêtu d'un large surplis. Il porte sa barrette dans la main gauche. Son geste de la main droite insinue qu'il s'adresse aux religieuses regroupées face à lui. Elles sont huit, six debout et deux, plus âgées, assises au premier plan. Toutes portent un costume sombre, grand col et ample cornette blancs. Cette coiffure fut en usage dans la congrégation des filles de la Charité à partir de 1665 et s'est répandue dans les années 1750. Elle prit de l'ampleur au XIXe siècle. La plus âgée, qui se trouve au premier plan, porte une coiffure sombre. C'est la fondatrice, Louise de Marillac, qui a gardé la coiffe des veuves. Cette dernière est assise sur un fauteuil. A sa droite, une chaise vide sur laquelle sont disposés un livre et un mouchoir blanc bordé de rouge. C'est elle qui installa les sœurs de la Charité à l'hôtel-Dieu d'Angers le 1er février 1640. A sa gauche, a été curieusement représentée la sœur Antoinette Deleau, supérieure générale des filles de la Charité de 1790 à 1804. En arrière, la religieuse âgée, vue de profil, est vraisemblablement une ancienne supérieure générale, peut-être Julienne Jouvin décédée en 1744.

Derrière saint Vincent de Paul, deux prêtres se tiennent debout. L'un vêtu de noir, imberbe, tête nue, se présente de face. Sa main droite est ramenée sur sa poitrine. L'autre est vu de trois quarts. Il est vêtu d'un surplis et coiffé d'une calotte.

Dans le fond de la pièce, un autel néoclassique décoré d'une croix de Malte est simplement recouvert d'une nappe sur laquelle un crucifix est posé. Enfin, la lourde tenture cache en partie une abside décorée de pilastres ioniques qui séparent des niches dans lesquelles sont disposées des statues.

Comme l'indique la signature, Delusse a été associé à Nicolas Bazin (1790-1872) pour la réalisation de ce tableau. C'était un peintre angevin qui a été élève de Delusse, puis de Léon Cogniet. D'ailleurs, on décèle nettement la participation de plusieurs mains, une pour la composition générale, les trois personnages de droite, et une autre pour les sœurs, tout particulièrement pour celles du second plan, souriantes, dans des attitudes variées et peu empreintes de piété.

Ce tableau est inspiré de la nombreuse iconographie de saint Vincent de Paul et plus particulièrement d'une gravure du XVIIIe siècle intitulée *B. Vincentis vivus et foeminis indigentis…* qui figure saint Vincent assis dans un fauteuil avec son surplis et sa barrette face à Louise de Marillac qui a la même attitude que sur le tableau de Delusse et qui est entourée de ses sœurs et d'indigents. Cette scène de fondation d'hôpital se déroule également à l'intérieur d'une église théâtralisée avec des tentures.

Le thème de cette peinture se veut sans doute un rappel de la visite de saint Vincent en 1649 à l'hôtel-Dieu d'Angers. Cet établissement, première fondation lointaine de la compagnie, fut également le premier dirigé par les filles de la Charité qui revinrent à Angers après l'intermède révolutionnaire en 1806.

PLN et FC

5 - *Environs d'Angers. Vue de la Baumette, tour du Château. Le tout prit de mon appartement au Museum* 1820.

Lavis.
H. 0,222 ; L. 0,324.
Inscription : *Delusse del[t] 1820.*

Acq. : Achat avec l'aide du Fonds Régional d'Acquisition pour les Musées, 1989.

Châteauneuf-sur-Loire, musée de la Marine de Loire (inv. M 2781 A 30).

La végétation du jardin des Beaux-Arts et les constructions de la rue Toussaint ne permettent plus de vérifier l'exactitude de la vue qui s'offrait depuis les fenêtres de l'appartement occupé par Delusse au Museum et que nous pouvons situer au premier étage du musée des Beaux-Arts, à l'extrémité sud-est de l'aile du XVe siècle. Une fenêtre, apparente sur la façade extérieure et obturée lors de la transformation de la salle au XIXe siècle, est peut-être celle devant laquelle Delusse s'installa pour représenter ce panorama.

Les éléments architecturaux sont identifiables : le mur en ruines du premier plan envahi par les branches est vraisemblablement un vestige du mur de l'enceinte du XIIIe siècle qui s'ouvrait, au bout de la rue du même nom, par la porte Toussaint, détruite en 1765.

Du château construit par saint Louis vers 1230, la tour est de la porte des Champs, arasée au niveau de l'échauguette, présente l'alternance des assises de schiste ardoisier et de calcaire ainsi que les ouvertures cintrées du XVIe siècle destinées aux canons. Le haut mur qui prolonge la tour n'existe plus tandis que la fenêtre du «gouvernement» percée au XVIIIe siècle pour éclairer le logis du gouverneur s'ouvre sur le mur oriental ; à gauche, la fenêtre d'une «chambre de domestique», d'après les plans de l'époque. Ce mur semble recouvert d'un crépi laissant apparents les encadrements des créneaux au niveau du chemin de ronde, surmonté d'un toit pentu et de cheminées. Là aussi, la végétation a pris possession du bâtiment. La barbacane monumentale qui protégeait cette entrée du château, représentée par Delusse sur un dessin daté de 1787 conservé aux Archives départementales de Maine-et-Loire, et qui fut démolie en 1835, n'apparaît pas ici : Delusse a-t-il «oublié» cet ouvrage défensif en disposant, sur l'actuelle place Kennedy, deux constructions qui ne s'y trouvaient pas ?

L'hôtel de Gizeux (actuelle Chambre de Commerce et d'Industrie), situé à l'angle de la place de l'Académie et du boulevard des Lices (boulevard du Roi René) est identifiable à gauche, même s'il connut des modifications ultérieures. Ce transfert de lieu, ainsi que la modification d'orientation de cet hôtel particulier, démontrent la fantaisie de Delusse dans la composition de cette vue qui, faisant abstraction de la place de l'Académie et du coteau de l'Evière, dépeint un bucolique sentier arpenté par de paisibles promeneurs. Dans un méandre de la Maine, se reflète le couvent de la Baumette et sur la crête se devine dans les frondaisons la masse blanche du château de Châteaubriant. La rive droite offre l'aspect bocager à l'habitat dispersé des campagnes de l'Ouest. Enfin, plusieurs bateaux aux voiles gonflées voguent sur la Maine.

Ainsi Delusse compose-t-il ce paysage en redistribuant des éléments réels, en jouant sur différents plans pour évoquer, d'un lavis nuancé, le doux paysage angevin.

CL

6 - *Environs du moulin à chaux, au-dessus du Vaugareau, près Angers* 1823.

Pastel.
H. 0,215 ; L. 0,310.
Signé et daté : *Mr Delusse del. 1823.*
Acq. : Achat avec l'aide du Fonds Régional d'Acquisition pour les Musées, 1989.

Châteauneuf-sur-Loire, musée de la Marine de Loire (inv. M 2781 A 6).

Un banc de calcaire qui longe et suit vers le Nord le bassin ardoisier a donné son nom au lieu-dit les Fours à Chaux, situé entre la Chalouère et la Maine. Il évoque encore maintenant l'activité qui s'y déroula aux XVIIe et XVIIIe siècles puis y reprit vers 1841.

Un dessin au lavis exécuté par J.-A. Berthe en 1846 (Angers, Bibliothèque municipale, ms. 1030 (897) f° 100) représente le moulin à cavier qui domine les fours à chaux en contrebas. Ce moulin figure sur le dessin de Delusse en 1823 : il s'agit du moulin à cavier du Vaugareau (et non Vigaro), en place depuis le XVIe siècle, sur la paroisse Saint-Samson. Une légère brume blanche envahit la dépression et s'en élève. Dans le ciel sans nuages, la configuration géologique du lieu et la végétation sont indiquées d'un pastel estompé.

Quatre personnages animent ce paysage agreste : tout à droite, Delusse lui-même avec son costume habituel, tend le bras vers une jeune femme en train de dessiner. S'agit-il de sa fille Virginie, alors âgée de vingt-six ans ? Elle avait appris la miniature à Nantes et aida son père dans les dernières années de sa fonction de professeur à l'école gratuite de dessin. Dans cette vue d'où sont absents les nombreux personnages qui habituellement vaquent avec pittoresque à leurs activités, ce petit groupe évoque une paisible et familiale sortie de campagne.

CL

2 – DAVID D'ANGERS
ET SA FAMILLE

Cat. 10 - *Intérieur de la famille de P.-J. David d'Angers* (détail).

7 - *Portrait de Marie-Françoise Lemasson (1753-1809)*

repr. coul. p. 36

Vers 1776 ou 1801.

Peinture à l'huile sur toile.
H. 0,626 ; L. 0,510.
Acq. : Acquis par le musée des Antiquités, le 3 juillet 1918, auprès de Madame veuve Chailloux (70 francs).

Angers, musée des Beaux-Arts (inv. MA 7R231).

Bibl. : Cat. exp. 1991, Châteauneuf-sur-Loire, notice p. 23.

Née le 5 mars 1753 à Angers, Marie-Françoise Lemasson est la fille d'un menuisier de cette ville, Mathurin Lemasson, et de Perrine Gendron.

Son portrait a dû être peint vers 1776 ou 1801. Dans le premier cas, la jeune femme avait alors vingt-trois ans et n'était pas encore mariée à Pierre-Louis David, sculpteur ornemaniste, qu'elle épousa le 7 février 1780. Dans le deuxième, il aurait été peint lors du court séjour de Delusse en Anjou en 1801.

Elle est représentée de face, ses traits sont nets, sans grâce particulière. Autour d'un long nez, sont disposés deux yeux foncés et vifs qui regardent fixement, dessous une petite bouche fermée, aux lèvres serrées, esquisse un sourire. Sur son front assez haut tombent de nombreuses et fines bouclettes frisées. Elle est coiffée d'un bonnet brodé ceint d'un ruban bleu fermé d'un nœud. Elle porte une robe sombre et simple dont l'échancrure est cachée par une ample écharpe blanche.

Toute son expression dit la simplicité, l'énergie et la gentillesse de cette fille d'un artisan menuisier.

Henry Jouin, la décrivant, a évoqué en elle «la femme du peuple»[1].

Ce portrait qui se détache sur un fond sombre et uni, dans son cadre ovale, s'inscrit parmi ceux qui furent peints dans les villes de province à la fin du XVIIIe siècle. Il témoigne de l'ascension culturelle et artistique des artisans qui adhèrent alors à la petite bourgeoisie citadine.

PLN

(1) Jouin, 1878, t. 1, p. 14.

8 - *Portrait de Pierre-Jean David enfant*

Vers 1804.

Crayon sur papier.
H. 0,102 ; L. 0,084.
Monogrammé, en bas à droite : *PJD*.
Acq. : Ancienne collection David d'Angers ; don Hélène Leferme, 1906.

Angers, musée des Beaux-Arts (inv. MBA 364-40-62).

Bibl. : Lesschaeve, 1996, n° 1146 (Anonyme).

Ce dessin non attribué jusque là, est le premier portrait connu de David d'Angers. Il est représenté de profil. Ses traits et son aspect poupin sont accentués. Il faut placer ce dessin avant le portrait peint à l'huile par Delusse (cat. 9), auquel il a pu servir d'étude préparatoire.

PLN

9 - *Portrait de Pierre-Jean David d'Angers enfant*

repr. coul. p. 37

Vers 1804.

Peinture à l'huile sur toile.
H. 0,550 ; L. 0,460.
Inscription au dos : *Pierre-Jean David d'Angers*.
Etiquette et inscription d'Hélène Leferme, au dos du châssis : *Portrait peint de 15 à 16 ans de P.J. David d'Angers, avant son départ de cette ville pour Paris par son maître Delusse. Les couleurs ayant pâli et noirci, les yeux étaient d'un bleu admirable, les cheveux blond cendrés.*
Acq. : Ancienne collection David d'Angers ; legs Hélène Leferme, 1926.

Angers, musée des Beaux-Arts (inv. MBA 845).

Bibl. : Chesneau, 1934, n° 1213 ; cat. exp. 1991, Châteauneuf-sur-Loire, notice p. 23.

Se détachant d'un fond sombre, le jeune Pierre-Jean David est représenté de face, son visage d'adolescent est rond, encore légèrement poupin. Une libre chevelure blonde retombe de chaque côté de son front, couvrant ses tempes. Au-dessous, de grands yeux bleus expriment l'intelligence. Deux pommettes arrondies et rougeoyantes encadrent un petit nez. Une fine bouche surmonte son menton.

La blancheur de sa chemise à grand col et de sa cravate contraste avec une veste vert foncé qui se confond avec le fond de la toile.

Ce portrait attentif et affectueux exprime l'intelligence et la vivacité du jeune sculpteur. Tout dit aussi le souci d'une simple élégance.

Ce tableau ne doit pas être antérieur à 1804, date à laquelle Delusse s'installe à Angers et propose de peindre «le portrait en grand à l'huile et sous les formats les plus modernes» des Angevins[1]. C'est aussi à partir de cette année que le jeune David fréquente les cours de dessin que donne le peintre. Il aurait donc 16 ans, ce qui confirme l'indication donnée par Hélène Leferme. Par la suite Delusse «fut son meilleur guide, l'appui de sa jeunesse et le plus ardent défenseur de sa cause» auprès de son père[2].

David d'Angers évoquera plus tard le souvenir de son maître : «... lorsqu'avant le jour j'allais chez mon bon maître, M. Delusse, pour dessiner quelques heures avant d'aller à l'atelier de mon père. De la salle de dessin, je voyais de beaux marronniers qui recevaient les premiers rayons du soleil et ce réveil de la nature me faisait un si grand plaisir que je n'en ai pas perdu le souvenir, d'autant plus qu'à ce souvenir se joint celui de mes enthousiastes projets d'avenir pour l'art que j'étudiais. Dès l'âge de huit ans, ma tête fermentait déjà»[3].

PLN

(1) *Les Affiches d'Angers,* 5 novembre 1804.
(2) Jouin, 1878, t. 1, p. 24.
(3) Bruel, 1958, t. 2, p. 301.

10 - *Intérieur de la famille de David d'Angers*

repr. coul. p. 17

1806.

Crayon noir sur papier marouflé.
H. 0,598 ; L. 0,980.
Signé et daté, en bas et à droite, au crayon noir : *Delusse del' 1806.*
Sur le montage, au bas du dessin, de gauche à droite, au crayon : *Madame David mère. Soeurs de David. David d'Angers. David père.*
Acq. : Ancienne collection David d'Angers ; don Emilie David, entre 1856 et 1879.

Angers, musée des Beaux-Arts (inv. MBA 750 (J. 1881)).

Bibl. : Jouin, 1870, n° 756 ; Jouin 1881, n° 750, p. 266 ; Jouin, 1885, p. 209 ; Chesneau, 1934, n° 1214 ; Bruel, (manuscrit, Angers, musée des Beaux-Arts), p. 5 ; cat. exp. 1991, Châteauneuf-sur-Loire, notice p. 23 ; Lesschaeve, 1996, n° 245.

Ce portrait de la famille David d'Angers est daté de 1806. Le jeune David a alors 18 ans, son père, Pierre-Louis, 50 ans. Tous habitaient alors à Angers dans une maison de la cour des Péronnelles. Ce n'est que l'année

suivante que le jeune sculpteur s'installera à Paris.

A droite de la composition, Delusse a peint le père de Pierre-Jean David, sculpteur ornemaniste sur bois, qui vivait de modestes commandes pour la décoration d'hôtels particuliers de la région.

Une profonde amitié le liait à Delusse. Tous les deux étaient républicains, francs-maçons et hommes de condition modeste, tournés vers l'art.

Le sculpteur est montré travaillant avec entrain à un *Amour* triomphant qui est posé sur une sellette, ou, selon Robert David, un "*génie*" destiné à orner l'autel de la patrie (Angers, musée des Beaux-Arts, inv. MBA 756.J.1881) qu'il avait sculpté en l'an VII pour orner le Temple décadaire d'Angers. Il est sobrement vêtu d'un costume d'artisan, pantalon et

gilet dans la même étoffe, mais dont, par souci de coquetterie, les bandes sont inversées. Il porte en fait "son pantalon rouge des soldats républicains de la guerre de Vendée", comme l'a écrit son petit-fils[1].

Dessous, il porte une chemise ample dont les manches retroussées laissent apparaître la musculature de l'artisan. Un long tablier de sculpteur recouvre l'ensemble. D'une main, il tient un ciseau droit, de l'autre il brandit allègrement une masse.

Le peintre a insisté sur la stature du sculpteur, son physique tout à la fois massif et vif dans le mouvement. Son regard tourné vers nous renforce encore son aspect bonhomme.

Au fond de la composition, les trois sœurs aînées de Pierre-Jean David : Françoise, la plus âgée, la seule qui devait survivre aux décès de ses

parents, Louise qui devait décéder dix ans plus tard, et Aimée-Marguerite, baptisée paroisse Sainte-Maurille d'Angers le 8 avril 1785, et qui décédera deux ans après. Assises derrière une table, elles sont vêtues sobrement, mais non sans une certaine coquetterie, comme l'illustrent leurs coiffures recherchées. L'une lit un ouvrage, l'autre s'adonne à la couture, tandis que la troisième semble prendre la pose.

Au premier plan et au centre de la composition, le jeune Pierre-Jean est présenté de profil. Il dessine sa mère qui pose face à lui. Il la regarde en souriant tandis que sa main droite, qui tient un crayon, est suspendue au-dessus de feuilles de papier elles-mêmes posées sur un volumineux carton à dessin.

La mère est vue de face, assise dans un fauteuil. Elle porte une simple robe et une pèlerine. Elle est coiffée d'un large bonnet.

Toute la famille est située dans une pièce ornée de pilastres néo-classiques et décorée d'un lourd rideau d'où pendent des cordons.

Ce décor un peu théâtral renforce l'impression joviale de la composition, tout à la fois familiale, travailleuse, modeste et bien tenue.

Ce dessin est d'abord cité dans l'inventaire après décès du statuaire[2]. Aucun prix n'est indiqué, suggérant qu'il a dû rester dans la famille. Par la suite, Emilie David, l'épouse du sculpteur, en hérita. Le donnant, elle annonça au conservateur du musée d'Angers : une caisse «contient un des-sin de Monsieur Delusse représentant la famille David (elle n'est pas vue en beau) mais cela a pourtant un certain intérêt historique»[3]. Cette indication contredit l'assertion de Jouin qui indique que ce dessin a été donné par David d'Angers au musée en 1846[4].

Ce dessin donne une juste image du milieu dans lequel fut élevé David, une image empreinte d'affection, de respect et de jovialité ; il donne aussi un portrait du jeune artiste montré studieux et attaché à ses proches.

Avec ce portrait de famille, le profes-seur de dessin de David rendait une sorte d'hommage affectueux à une famille amie et surtout à son élève, quelques mois avant son départ pour Paris.

Il fut gravé par E. Morel (Angers, musée des Beaux-Arts, inv. MBA sans n° 8 Gr), lequel a également gravé une série de portraits isolés de chacun des protagonistes de la scène (Archives départementales de Maine-et-Loire). Cette gravure fut éditée en photogra-phie par J. Berthault en 1906 (Angers, musée des Beaux-Arts, inv. MBA 5 R 222 bis). Delusse a aussi dessiné en médaillon les portraits du père et de la mère de Pierre-Jean David (cat. n° 11 et 12).

PLN

(1) Robert David à Montorgueil, 4 janvier 1903 (Paris, archives du musée du Louvre, MO452-2.11).
(2) de Caso, 1980, p. 89, sous le titre : *Dessin de M. Delusse (famille de M. David d'Angers)*.
(3) 22 juillet (illisible).
(4) «Donné par David», Jouin, 1885, p. 210 ; or, en 1870, le même auteur écrivait : «Donné par Mme David» (Jouin, 1870, p. 237).

11 - *Pierre-Louis David (1736-1821), père de Pierre-Jean*
Vers 1806.

Mine de plomb et crayon noir.
H. 0,259 ; L. 0,196.

Signé, en bas et à droite, à l'encre : *Dessiné par Delusse*.

Inscription, en bas et au centre, à l'encre brune : *Pierre-Louis David, sculpteur sur bois, père de Pierre-Jean David d'Angers, statuaire*.

Acq. : Ancienne collection David d'Angers ; don Hélène Leferme, 1903.

Angers, musée des Beaux-Arts (inv. MBA 479).

Bibliographie : Jouin, 1908, n° 14, p. 370 ; Chesneau, 1934, n° 1228 ; cat. exp. 1991, Châteauneuf-sur-Loire, notice p. 22 ; Lesschaeve, 1996, n° 243.

Ce portrait est une réplique de celui du père de David d'Angers que Delusse a placé dans le dessin repré-sentant David d'Angers et sa famille (cat. 11). Il fait pendant au portrait de la mère du jeune artiste (cat. 12). Tous deux se présentent sous la forme d'un médaillon ovale, d'un format iden-tique. Il doit s'agir des portraits de son père et de sa mère qui décoraient sa chambre à Paris, comme il le rappor-tera lorsqu'il a évoqué la visite que lui a rendue Delusse en 1810[1]. Dans ce cas, le peintre a dû réaliser ces deux pendants juste avant le départ en 1807 du jeune sculpteur pour la capitale.

David d'Angers a ainsi décrit son père : «Homme grave, sérieux, aimant la retraite, on le voyait toujours dans son atelier, travaillant avec une ardeur incroyable pour élever sa jeune famille»[2].

Delusse et Pierre-Louis David furent très liés. A la mort de ce dernier le 17 janvier 1821, il accompagna «les restes de l'ami dont il avait si constam-ment partagé et adouci les chagrins : c'était le respectable Delusse, peintre d'histoire, bienfaiteur du fils de David»[3].

PLN

(1) «La muraille, sans papier, était décorée du portrait de mon père et de ma mère…», Jouin, 1885, *op. cit.*, t. 1, p. 58.
(2) *Ibid.*, t. 2, p. 169.
(3) *Ibid*, t. 2, p. 170.

12 - *Marie-Françoise Lemasson (1753-1809)*
Vers 1806.

Mine de plomb et crayon noir.
H. 0,260 ; L. 0,200.
Signé, en bas et à droite, à l'encre : *Dessiné par Delusse.*
Inscription, en bas et au centre, à l'encre noire : *Marie-Françoise Lemasson, épouse de Pierre-Louis David d'Angers, mère de Pierre-Jean David d'Angers.*
Acq. : Ancienne collection David d'Angers ; don Hélène Leferme, 1903.

Angers, musée des Beaux-Arts (inv. MBA 480).

Bibliographie : Jouin, 1908, n° 15, p. 370 ; Chesneau, 1934, n° 1229 ; cat. exp. 1991, Châteauneuf-sur-Loire, notice p. 22 ; Lesschaeve, 1996, n° 244.

Ce portrait est une réplique de celui de la mère de David d'Angers que Delusse a placé dans le dessin représentant David d'Angers et sa famille (cat. 10). Il fait pendant au portrait du père du sculpteur (cat. 11). Tous deux se présentent sous la forme d'un médaillon de forme ovale et d'un format identique Il doit s'agir des portraits de son père et de sa mère qui décoraient sa chambre à Paris, comme il le rapportera lorsqu'il a évoqué la visite que lui a rendue Delusse en 1810[1]. Dans ce cas, le peintre a dû réaliser ces deux pendants juste avant le départ en 1807 du jeune sculpteur pour la capitale.

Plus tard, évoquant sa mère, David d'Angers parlera d'«un être angélique»[1].

A sa mort, le 17 septembre 1809, il ne put assister aux obsèques, et c'est Delusse qui apposa son nom sur l'acte de décès de «Marie-Françoise Lemasson, âgée de cinquante-six ans, décédée en son domicile, cour Saint-Laud»[2].

PLN

(1) David d'Angers, «Notice sur Pierre-Louis David», *in*, Jouin, 1885, t. 1, p. 14.
(2) *Ibid.*, t. 1, p. 67.

Cat. 15 - *Un trois-mâts à Paimboeuf.*

13 - *Les Ponts-de-Cé*
1816.

Lavis.
H. 0,345 ; L. 0,522.
Signé et daté : *Dessiné sur lieu en 1816 par De Lusse Peintre.*
Inscription en bas et au centre, à l'encre brune : *Vue du Pont de César, dit vulgairement des Ponts de Cé, sur la Loire, à une lieue d'Angers.*
Acq. : Achat avec l'aide du Fonds Régional d'Acquisition pour les Musées, 1989.

Châteauneuf-sur-Loire, musée de la Marine de Loire (inv. M 2781 A 1)

Bibl. : Giraud-Labalte, 1996, repr. p. 169, fig. 69.
Exp. : 1991, Châteauneuf-sur-Loire, notice p. 23.

La tradition orale attribuait à César la première construction de cette longue chaussée qui franchit la Loire en reliant plusieurs îles aux deux rives par quatre ponts. On sait aujourd'hui que l'origine du passage et du nom est celtique.

Au Moyen Age de nombreux ponts comportent une construction défensive. C'est le cas des Ponts-de-Cé qui relient deux îles et franchissent le cours de la Loire et du Louet. Entre le bras de Saint-Aubin et la Loire la ville fortifiée des Ponts-de-Cé, entourée de murailles et dominée par un château du XVe siècle, garde le passage des ponts. Dès la guerre de Cent Ans la ville et la chaussée sont le lieu de multiples assauts et de violentes batailles.

Pour observer le panorama complet des quatre ponts, longs de trois kilomètres le peintre, assis au premier plan, son carton à dessin sur les genoux, se trouve dans l'île-au-bourg. Le courant oblique de la Loire et les nombreuses arches en ruine rendent la traversée des ponts très dangereuse pour les mariniers, qui la redoutent à la descente comme à la remonte. Au fil du courant, le passage ne peut se faire qu'à l'aide d'une ancre. Le marinier Chevaleau le décrit dans ses mémoires, en 1824 «on mouille une ancre à quatre ou cinq longueurs de bateau du pont et au moyen d'une haussière, on le laisse dériver doucement sur cette ancre en présentant l'arrière du bateau à l'arche que l'on veut franchir».

MD

14 - *Nantes*

1806.

Lavis.
H. 0,352 ; L. 0,525.
Signé et daté : *Dessiné sur lieu en 1806 par M. Delusse Peintre.*
Inscription en bas et au centre, à l'encre brune : *Vue de la Loire inférieure, prise de l'ancien Couvent des Capucins (dit l'hermitage) a Nantes en 1806.*
Acq. : Achat avec l'aide du Fonds Régional d'Acquisition pour les Musées, 1989.

Châteauneuf-sur-Loire, musée de la Marine de Loire (inv. M 2781 A 5).

Exp. : 1991, Châteauneuf-sur-Loire, notice p. 23.

Le panorama de la ville est pris depuis les hauteurs de la propriété des frères Capucins dont les jardins s'étendaient jusqu'à la Loire. C'est en partie sur les terrains des anciennes possessions du couvent que le nouveau quartier Graslin est luxueusement aménagé à la fin du XVIIe. A l'horizon, on distingue la silhouette de la cathédrale Saint-Pierre, la masse du château, le grand pont qui franchit l'île Feydeau et les bras de la Loire enlaçant des prairies.

Avec le temps et l'enrichissement du commerce maritime, le port de Nantes se déplace vers l'ouest, les quais sont aménagés : quai de la Fosse, quai de Chézinne et de l'Hermitage.
Mais à l'époque du passage de Delusse à Nantes, sous l'Empire, l'activité du port et celle de la ville ont souffert des guerres révolutionnaires et surtout du blocus. La marine impériale subit des échecs désastreux ; on ne compte plus les bateaux nantais poursuivis par les Anglais et détruits au large des côtes.

Les personnages contemplent le panorama depuis les hauteurs de l'Hermitage. Ils dominent le quai de la Fosse où ne sont amarrés que deux navires, sans voiles, peut-être en construction ou, plus probablement, en cale sèche pour réparations.

MD

15 - *Paimboeuf*

1812.

Lavis.
H. 0,350 ; L. 0,520.
Signé et daté : *Dessiné sur lieu par Monsieur Delusse 1812.*
Inscription en bas et au centre, à l'encre brune : *Vue d'une partie de la Ville de Paimboeuf sur la Loire, a bord de la Corvette Mameluck (stationnée). On voit le port et chantier de construction partie de la ville le plus intéressant, et dont l'on découvre le village de Conches, lieu ou la loire se perd dans la mer.*

Acq. : Achat avec l'aide du Fonds Régional d'Acquisition pour les Musées, 1989.

Châteauneuf-sur-Loire, musée de la Marine de Loire (inv. M 2781 A 40).

Exp. : 1991, Châteauneuf-sur-Loire, notice p. 25 ; 1992-1994, Nantes, 1997, Nantes.

Paimboeuf se situe dans l'estuaire de la Loire, point de jonction de deux mondes, celui de l'océan et celui du fleuve, fertiles en courants d'échanges : de l'Atlantique arrivent le sel, les céréales, le poisson ; de la Loire partent les vins, les produits manufacturés (soie, toile, quincaillerie), les matériaux de construction.

Ces échanges connaissent au XVIIIe siècle, un essor remarquable, dû en grande partie au trafic colonial. En 1789, Nantes est le deuxième port colonial français après Bordeaux, le premier port négrier. La croissance de ce volume commercial entraîne une élévation du tonnage des navires ; or, la profondeur du fleuve ne leur permet pas d'atteindre Nantes : les plus gros s'arrêtent donc à Paimboeuf, et la liaison avec Nantes est assurée par les gabares et autres bateaux à fond plat. A partir de 1739, officiellement, Nantes n'est plus un port maritime : c'est son avant-port, Paimboeuf, qui remplit cette fonction.

Cependant, après la Révolution, les hostilités franco-anglaises, la domination britannique des mers et la perte successive des colonies (dont celle de Saint-Domingue en 1810, partenaire commercial privilégié de Nantes) portent un rude coup à ce commerce.

L'époque à laquelle Delusse représente Paimboeuf n'est donc plus une époque de prospérité. Des vaisseaux en chargement ou déchargement stationnent dans la rade des Quatre Amarres. A gauche, les mariniers, à bord des gabares, s'apprêtent à transborder les marchandises. Au centre du dessin est ancré un trois-mâts.

Quant au peintre, il se trouve à bord du *Mameluck,* qu'il définit par erreur comme une corvette : il s'agit en fait d'un brick. Ce brick est mis en chantier à Nantes et lancé en septembre 1810, alors que la guerre et le blocus anglais font subir à la marine impériale des pertes dramatiques. L'année même où Delusse se trouve à son bord, le *Mameluck* revient d'une campagne de plus de quatre mois aux Açores et aux Bermudes en compagnie de deux frégates. En mai, alors qu'ils se dirigent vers Lorient, les navires sont pris sous le feu d'un bâtiment anglais non loin de l'île de Groix. Incendiées, puis abandonnées, les frégates explosent tandis que le *Mameluck* échappe et poursuit sa route. Le *Mameluck* est débaptisé pour s'appeler l'*Olivier* à partir de

1814. Il devait servir peu de temps : il disparaît en mer, perdu corps et biens en 1820.

Bien que les divers établissements nécessaires à un port (chantiers de constructions navales, corderies...) soient présents dans la ville, Paimboeuf n'est qu'un port de rupture de charges, sans aménagement (à l'exception d'une digue de pierres pour les gabares à partir de 1761) ; son importance ne fera que décliner les années suivantes. Il sera finalement remplacé par Saint-Nazaire.

MD et CDP

16 - *Basse-Indre et Indret*
1816.

Lavis.
H. 0,225 ; L. 0,315.

Signé et daté : *Dessiné par M. Delusse 1816.* Inscription en bas et au centre, à l'encre brune : *Vue de la Loire allant de Nantes a paimboeuf des villages de la basse inde et d'indret, ce dernier reconnu pour sa fonderie de Canons.*
Acq. : Achat avec l'aide du Fonds Régional d'Acquisition pour les Musées, 1989.

Châteauneuf-sur-Loire, musée de la Marine de Loire (inv. M 2781 A 14).

Exp. : 1991, Châteauneuf-sur-Loire, notice p. 24 ; 1992-1994, Nantes, 1997, Nantes.

Il s'agit ici d'une vue du début de l'estuaire à 10 kilomètres en aval de Nantes ; deux villages sont représentés en vis à vis : Basse-Indre sur la rive droite (orthographié à tort par Delusse *Basse Inde*) et Indret qui est une île.

Indret est un site à vocation particulière : la fonte de canons. En effet, à la fin du XVIIIe siècle l'Etat français veut construire une fonderie de canons. A cette fin, il fait venir l'anglais William

Wilkinson (frère du célèbre spécialiste de la métallurgie John Wilkinson) qui choisit Indret en 1777. Ce choix est motivé par divers atouts de l'île nécessaires à ce type d'établissement : la facilité de transport offerte par la Loire pour le ravitaillement en fonte et en charbon, la proximité de carrières susceptibles de fournir le sable pour le moulage des pièces, les possibilités d'aménagement de champs de tirs pour les essais de pièces dans les prairies avoisinantes et l'isolement, indispensable à cette industrie. Enfin, le fleuve fournit l'énergie hydraulique pour le forage des canons.

Delusse a représenté ce site à gauche du dessin et Basse-Indre à droite, sur les pentes d'un coteau avec à son sommet un calvaire. C'est, à l'époque, un bourg de marins et de pêcheurs (de nombreux petits bateaux à voile sont d'ailleurs ancrés près du village). Sous l'Empire on y construit des frégates.

On remarque quelques petits bateaux à fond plat au premier plan. En revanche, il n'y a pas de bateau à très fort tonnage, en raison du manque de profondeur : l'océan est relativement éloigné.

CDP

17 - *Couëron, le Pellerin et le port Launay*
1816.

Lavis.
H. 0,228 ; L. 0,320.
Signé et daté : *Dessiné par J.J. Delusse 1816.*
Inscription en bas et au centre, à l'encre brune : *Vue sur la Loire allant de Nantes à*

Paimbeuf des villages de Coiron, du Pelerin et du port Launay, a 2 a 3 lieues de paimbeuf.
Acq. : Achat avec l'aide du Fonds Régional d'Acquisition pour les Musées, 1989.

Châteauneuf-sur-Loire, musée de la Marine de Loire (inv. M 2781 A 48).

Exp. : 1991, Châteauneuf-sur-Loire, notice p. 26 ; 1992-1994, Nantes, 1997, Nantes.

Dans cette partie de l'estuaire de la Loire, large de quatre kilomètres, le fleuve, «La rivière de Nantes», ainsi que la nommaient les riverains, est encombré d'îles. Le passage des marchandises, des animaux et des gens se fait à l'aide de bateaux de dimensions et de formes variées, construits sur les chantiers, aménagés dans les petits ports. Ils sont différents des gabares qui déchargent les marchandises des vaisseaux venus de l'Atlantique pour les déposer dans les entrepôts de Paimboeuf ou de Nantes.

Les passeurs, les baliseurs, les paysans, transportent le foin et les bêtes, utilisent les plates ou bachots. Les bateaux de pêche, de types très divers, sont équipés d'un mât, d'une seule voile et d'un coffre pour la réserve du poisson. Pour circuler, les pêcheurs utilisent la force du vent et, sur le lieu de pêche, ils se déplacent à l'aviron. Un bac, depuis le village du Pellerin, unit rive gauche et rive droite. Il existe encore aujourd'hui.

En se plaçant au centre de l'estuaire, non loin du village de Couëron, Delusse a su évoquer, avec ses neuf bateaux, la diversité de la navigation en Loire maritime.

Alors que s'installent peu à peu des entreprises de type industriel, des verreries, l'importance du travail agricole demeure dans les îles grâce à de belles prairies où l'on récolte le foin, et à des

pâturages. A partir de 1840, les villages se transforment en gros bourgs, pour former ensuite un véritable tissu urbain relié à Nantes, rive droite.

MD

18 - *Cinq-Mars-la-Pile*
1821.

Lavis.
H. 0,228 ; L 0,327.
Signé et daté : *De Lusse delt 1821.*
Inscription en bas et au centre, à l'encre brune : *Vue des environs de la pile St Mars route de Saumur à Tours, bords de la loire ;* ajouté au crayon au dessus de St. Mars : *Cinq mars.*
Acq. : Achat avec l'aide du Fonds Régional d'Acquisition pour les Musées, 1989.

Châteauneuf-sur-Loire, musée de la Marine de Loire (inv. M 2781 A 68).

Exp. : 1991, Châteauneuf-sur-Loire, notice p. 27.

Cinq-Mars-la-Pile se trouve rive droite entre Tours et Saumur. Il faut distinguer le village de Cinq-Mars-la-Pile et le monument dénommé la pile de Cinq Mars situé un peu en amont du village et qui domine la composition de Delusse.

Ce monument rappelle les origines de la navigation ligérienne. Si le fleuve est navigué depuis la préhistoire, c'est à l'époque gallo-romaine que le trafic s'organise réellement : le commerce se fait souvent par la voie fluviale et est contrôlé par les nautes. Les nautes ne sont pas des bateliers mais des armateurs qui financent des opérations commerciales en passant par l'intermédiaire de mariniers. Or, la pile de Cinq-Mars est un des monuments par lesquels s'affirme cette classe sociale en pleine expansion. Cette

tour de brique rectangulaire dominant la Loire, est décorée, sur le côté qui fait face au fleuve, de panneaux polychromes dont les motifs seraient originaires d'Italie. On l'attribue à un armateur ligérien qui aurait ramené de Rome un artisan pour décorer ce monument. Il s'agit très probablement d'un tombeau qui honore un naute dont les bateaux ont commercé sur la Loire (en effet, les romains enterraient leurs morts le long des voies de passage).

Les petits guides de voyage du début du XIXe siècle signalent tous une ambiguïté sur l'étymologie de Cinq-Mars, dont on ignore l'origine : on le trouve orthographié, Cinq-Mars aussi bien que Saint-Mars. Dans le titre de l'œuvre, Delusse lui-même hésite et se corrige…

CDP

19 - *Candes-Saint-Martin*
1821.

Lavis.
H. 0,234 ; L. 0,324.
Signé et daté : *Dessiné par J.J Delusse 1821.*
Inscription en bas et au centre, à l'encre brune : *Vue prise sur les hauteurs de Cande Moulin de la houssaye au dessus de Montsoreau a la jonction de 2 rivières La Loire et la Vienne a quatre lieues de Saumur.*
Acq. : Achat avec l'aide du Fonds Régional d'Acquisition pour les Musées, 1989.

Châteauneuf-sur-Loire, musée de la Marine de Loire (inv. M 2781 A 70).

Exp. : 1991, Châteauneuf-sur-Loire, notice p. 27.

voile levés (pour des bateaux remontant le fleuve depuis Nantes), mât levé et voile affalée à droite (il s'agit probablement de bateaux ancrés) et mât en partie rabattu (deuxième bateau à gauche). Il insiste surtout sur l'activité fluviale importante à la jonction des deux fleuves.

CDP

20 - *Notre-Dame des Ardilliers à Saumur*
1810.

Lavis.
H. 0,215 ; L. 0,322.
Signé et daté : *Delusse Delt 1810.*
Inscription en bas et au centre, à l'encre brune : *Vue de la Côte Notre Dame des ardilliers dite la Providence.*
Acq. : Achat avec l'aide du Fonds Régional d'Acquisition pour les Musées, 1989.

Delusse s'est installé à Candes-Saint-Martin, à la confluence de la Loire et de la Vienne. Si la Loire a peu d'affluents rive droite, à l'exception de la Maine (union de la Mayenne, de la Sarthe et du Loir), la rive gauche draine des affluents majeurs : l'Allier dans la partie haute, puis, en aval de Tours, trois cours d'eau importants sur 35 km : le Cher, l'Indre et la Vienne.

Delusse se place sur les hauteurs du village pour observer les bateaux évoluant en contrebas. Longs bateaux en chêne à fond plat, sans quille, les chalands sont adaptés au fleuve de sable à hauteur d'eau variable. Le mât, très haut, supporte une voile presque carrée de grande envergure, pouvant aller de 250 à 350m² et se gonflant au moindre souffle d'air. Ce mât se rabat vers l'avant, grâce à un treuil, le «guinda», situé à l'arrière du bateau. Cette manœuvre, l'«endremage», est surtout

pratiquée pour le passage des ponts, mais Delusse ne la montre jamais. Il a cependant représenté ici les chalands dans différentes circonstances : mât et

Châteauneuf-sur-Loire, musée de la Marine de Loire (inv. M 2781 A 22).

Exp. : 1991, Châteauneuf-sur-Loire, notice p. 24.

Sur cette œuvre, Delusse a représenté un très beau train de chalands remontant le fleuve. Les bateaux de marchandises ne naviguent généralement pas de façon isolée. A la remonte (c'est-à-dire en allant contre le courant) les bateaux avancent, en effet, en «trains» ou en «équipes» de trois à huit unités. Chaque bateau porte un nom en fonction de sa place dans le train : le premier est le «bateau mère», le deuxième le «tirot», puis le «sous-tirot» ou «soubre» et viennent en fin de convoi les «allèges», sans voile. Les bateaux sont reliés entre eux par des cordages et des madriers, ce qui permet à l'équipage de passer aisément d'une embarcation à l'autre ; cette technique permet d'économiser le nombre d'hommes d'équipage. La force motrice de l'ensemble du train est le vent de l'Océan (vent de «mar» et de «galarne») : la taille des voiles va en décroissant ce qui permet de profiter au maximum de ce vent. La direction du train est assurée par l'énorme gouvernail placé sur le premier bateau, caractéristique du bateau ligérien à fond plat, «la piautre».

Cet élégant «train», toutes voiles gonflées et se reflétant dans la Loire prend place devant un monument majeur de l'histoire saumuroise, Notre-Dame des Ardilliers, dont la silhouette semble jumelle de celle des moulins à vent perchés sur la butte.

Notre-Dame des Ardilliers est liée à la congrégation de l'Oratoire, installée là dans le cadre de la Contre-Réforme, et en particulier en réaction contre les établissements protestants de Duplessis-Mornay. La petite chapelle initiale des Ardilliers est confiée aux pères de l'Oratoire par lettre patente de Louis XIII en pèlerinage aux Ardilliers, le 8 août 1614. Les pères entreprennent alors les travaux de construction de la chapelle et des bâtiments conventuels (à gauche). Le dôme d'ardoises commencé en 1655 n'est achevé qu'en 1693. Ces importants travaux sont motivés par la grande affluence des pèlerins à Notre-Dame des Ardilliers, attirés par les miracles dus à l'intercession de la Vierge Marie.

L'élégance classique du bâtiment associée à celle des voiles des chalands donne beaucoup de sérénité à cette œuvre.

CDP

21 - *Ingrandes et la Riotière*
1809.

Lavis.
H. 0,226 ; L. 0,319.
Signé et daté : *De Lusse delt 1809.*
Inscription en bas et au centre, à l'encre brune : *Vue de la Ville d'Ingrandes sur la Loire; la Riottière : sur la route d'angers a Nantes a 7 lieues d'angers.*
Acq. : Achat avec l'aide du Fonds Régional d'Acquisition pour les Musées, 1989.

Châteauneuf-sur-Loire, musée de la Marine de Loire (inv. M 2781 A 62).

Exp. : 1991, Châteauneuf-sur-Loire, notice p. 27.

C'est depuis la boire de Champtocé que Delusse assiste au début de l'orage qui approche du port d'Ingrandes et du village de la Riotière. La zébrure de l'éclair est visible sur la droite du lavis. A la limite de la Bretagne, Ingrandes possède un grenier à sel et un bureau

de douanes qui taxe lourdement le trafic des vins. Les bateaux de passage, chargés de sel, sont fréquemment inspectés par les gabelous qui ancrent leurs pataches au large de la rivière. Le port a l'aspect d'un chantier et comprend des éléments fortifiés. Leurs formes se reflètent sur la Loire.

Il est très rare que l'artiste décrive les manœuvres des mariniers à bord. Cette vue d'Ingrandes et les deux lavis représentant l'estuaire sont les seuls connus qui décrivent le travail quotidien des mariniers et, ici, les dangers de la navigation. Une petite gabare chargée de tonneaux, une toue, un bachot et neuf hommes sont aux prises avec la tempête «l'ouzée» ou le coup de vent violent, qui les oblige à affaler la voile, au risque de chavirer ou de briser le mât. Les mariniers cherchent à gagner la rive gauche, en amont d'Ingrandes. La gabare et la toue sont stabilisées par la grande piautre qui plonge aux trois quarts dans l'eau, mais la manœuvre de la voile et des filins doit être rapide si on veut éviter le pire. A bord du bachot, c'est à l'aide du bâton ferré, «à la bourde», que les marins font dévier l'embarcation à travers les vagues, pour chercher refuge sur la rive. On sait qu'en Anjou les creux peuvent atteindre plus d'un mètre en cas de tempête. Sur la droite une toue guidée par deux hommes a déjà abordé.

Le costume des mariniers est très précis. Période empire, 1809 : jambes nues, ils portent une culotte de toile, resserrée aux genoux et maintenue par une ceinture, une chemise claire, pas de gilet. Deux d'entre eux sont coiffés d'un bonnet de laine les six autres d'un chapeau à bord large, de

couleur sombre. Quant au dernier, ses cheveux s'ébouriffent et volent sous l'assaut du vent.

La brutalité des coups de vent fait partie des dangers de la navigation, aussi redoutés que les écueils, le passage des ponts dangereux et surtout les temps de gel. Fidèles, au sommet de chaque mât, les girouettes ornées d'un drapeau indiquent le sens du vent : ici orientée à l'ouest.

Précieux instrument de la navigation, les «guirouées» de l'Anjou sont fixées en haut du mât. La planchettes, souvent sculptée est ornée du motif de la rose des vents, parfois polychrome. Un ensemble d'éléments mobiles, ajustés sur un axe qui s'encastre à la pointe du mât, permet de maintenir le drapeau. Ces «guirouées» sont le plus souvent l'œuvre des mariniers.

MD

22 - *Trèves*
1819.

Lavis.
H. 0,225 ; L. 0,311.
Signé et daté : *Delusse delt 1819.*
Inscription en bas et au centre, à l'encre brune : *Vue pittoresque des environs de Trève sur les bords de la Loire route d'angers a Saumur.*
Acq. : Achat avec l'aide du Fonds Régional d'Acquisition pour les Musées, 1989.

Châteauneuf-sur-Loire, musée de la Marine de Loire (inv. M 2781 A 73).

Exp. : 1991, Châteauneuf-sur-Loire, notice p. 27.

Le majestueux donjon de Trèves, seul reste d'une forteresse médiévale achevée en 1435 par le chancelier de France Robert le Maçon, et la petite église Saint-Aubin du XIIe siècle donnent, une fois encore à Delusse, un prétexte pour représenter l'activité d'un

65

des nombreux ports d'Anjou qu'il affectionne.

La nature de la navigation sur la Loire engendre des haltes fréquentes : intempéries, réparations, embarquements et débarquements de marchandises. Ceci explique qu'à coté de grands ports urbains tels Orléans ou Nantes, se développent une multitude de petits ports ruraux.

Longtemps, ces ports fluviaux ont été naturels et n'ont pas fait l'objet d'infrastructures particulières : on utilise la berge, parfois renforcée d'un système de pieux. C'est au XVIIIe siècle qu'apparaissent des quais et des cales édifiés. Le type de cale le plus couramment utilisé en milieu rural est très simple, c'est la *cale-abreuvoir* ; elle est constituée d'une rampe qui descend le long du fleuve et permet un accostage quelle que soit la hauteur de l'eau. A l'origine, elles sont très étroites, en pente raide, parfois empierrées : c'est le cas de celle de Trèves bâtie en pierre sèche et que l'on devine à peine sur l'œuvre de Delusse, à gauche du donjon derrière le mat du chaland (rive gauche, c'est-à-dire au second plan).

Cependant, à la fin du XVIIIe siècle, ces cales rudimentaires deviennent insuffisantes. En effet, avec l'augmentation du trafic se pose un problème de place pour le dépôt des produits à embarquer. Ainsi, en Anjou, le tuffeau extrait rive gauche encombre les cales, et dans l'attente de son chargement les pierres sont bien souvent posées directement sur le talus, comme à Trèves. On modifie alors la morphologie de ces ports ruraux et souvent les quais remplacent les talus pour le stockage des marchandises. On a un très bel exemple de ce type de quai pierré au premier plan de l'œuvre, rive droite (il s'agit probablement des quais de Saint-Clément-des-Levées). Des tonneaux sont en attente ; contiennent-ils du vin, produit majeur du commerce angevin, ou sont-ils le fruit de la production des tonneliers du village voisin de Cunault, en partance pour d'autres rives de la Loire ?

On le voit, le port fluvial est fondamental dans l'économie rurale : véritable lieu de vie et de rencontres, il assure un débouché aux produits des terres riveraines et matérialise le lien entre deux populations qui se vouent pourtant un mépris réciproque : les gens de la terre («les bouseux» selon les mariniers) et les gens de l'eau («les chie-dans-l'eau» selon les paysans). Delusse a bien su fixer cette rencontre.

CDP

23 - *Oudon et Champtoceaux*
1810.

Lavis.
H. 0,225 ; L. 0,322.
Signé et daté : *Dessiné sur lieu par J.J. Delusse, en 1810.*
Inscription en bas et au centre, à l'encre brune : *Vue d'une partie du bourg (ci devant ville) d'Oudon avec sa Tour de forme octogone, vis à vis chantoceaux, sur les bords de la Loire, venant de Nantes à Ancenis.*
Acq. : Achat avec l'aide du Fonds Régional d'Acquisition pour les Musées, 1989.

Châteauneuf-sur-Loire, musée de la Marine de Loire (inv. M 2781 A 47).

Exp. : 1991, Châteauneuf-sur-Loire, notice p. 26.

Sur ce dessin la Loire est en second plan, le premier plan étant réservé au village d'Oudon.

Cependant, Delusse rappelle un aspect important du trafic fluvial, les péages avec la représentation, exactement au centre de l'œuvre, à l'arrière plan, de l'un d'entre eux. Les péages fluviaux datent de l'époque féodale où ils sont perçus en contrepartie de l'entretien du fleuve. Les fermiers des péages s'installent le plus souvent à hauteur des ponts ; le voiturier doit arrêter son bateau face au péage : il lit la pancarte qui lui indique le montant des droits à payer et déclare la nature et la quantité de son chargement. Les arrêts nombreux (il y a encore 35 péages sur le fleuve à la veille de la Révolution) causent un tort considérable au commerce, ce dont la royauté a bien conscience. Ainsi en 1724, est mise en place la Commission des Péages qui est chargée d'en réduire le

nombre. Beaucoup subsistent malgré tout jusqu'à la fin de l'Ancien-Régime.

En 1810, les péages ne fonctionnent plus. Mais Delusse dessine la ruine du péage fortifié du Cul-du-Moulin, ouvrage du XIIIe siècle dont il ne reste que deux arches en arc brisé s'avançant sur la Loire. Il se situe au pied du village de Champtoceaux bâti sur le rebord d'un plateau se terminant par un à-pic.

Le premier plan est dominé par la tour octogonale d'Oudon, donjon du XIVe siècle et seul reste du château du village construit par la famille Malestroit.

CDP

24 - *Le chemin de la levée près de Saumur*
1821.

Lavis.

H. 0,221 ; L. 0,326.

Signé et daté : *Delusse delt 1821.*

Inscription en bas et au centre, à l'encre brune : *Vue et environs de Saumur bords de la Loire a michemin de Chéset a Saumur venant de tours, vers 9 heures du matin matinée brumeuse en 8bre 1821.*

Acq. : Achat avec l'aide du Fonds Régional d'Acquisition pour les Musées, 1989.

Châteauneuf-sur-Loire, musée de la Marine de Loire, (inv. M 2781 A 49).

Exp. : 1991, Châteauneuf-sur-Loire, notice p. 26.

Un matin brumeux d'août 1821, peut-être gênés par ces conditions climatiques défavorables, les mariniers ont laissé leurs bateaux ancrés au milieu du fleuve. Au premier plan, des pêcheurs réparent leurs filets. Reviennent-ils de la pêche à l'anguille d'avalaison ? Cette pêche de nuit se pratique en principe à partir du mois de septembre et jusqu'en février ; mais en cette année 1821, peut-être les migrations ont-elles été plus précoces ?

Les anguilles naissent dans la mer des Sargasses au large des côtes de Floride et migrent ensuite vers les fleuves. Lorsqu'elles remontent l'estuaire de la Loire, alors qu'elles ne sont encore que des «civelles», elles sont déjà l'objet de la convoitise des pêcheurs. Après plusieurs années de vie dans le

fleuve, elles profitent des périodes de hautes eaux pour reprendre le chemin de la mer des Sargasses : c'est avec ces anguilles d'avalaison que la pêche peut-être particulièrement fructueuse. Elle se fait au «guideau», un filet en forme d'entonnoir déployé à l'arrière du bateau.

Dans la partie droite du dessin, Delusse donne une très bonne représentation des levées, si caractéristiques du fleuve. Depuis l'Antiquité, les riverains essayent de se protéger des crues dévastatrices de la Loire, soit en s'installant sur les éminences naturelles que sont les monticules d'alluvions, soit en réalisant des «turcies» constituées d'un mélange de fascines de bois et de terre qui relient entre elles ces buttes et renforcent le cordon alluvial. A partir du XVe siècle, ces protections changent d'aspect : elles deviennent des remblais uniformes que l'on appelle «levées». Ce système de protection des terres, mais aussi des ponts et des installations portuaires est contrôlé à partir du règne d'Henri IV par un intendant des turcies et levées. Sous Colbert (seconde moitié du XVIIe siècle) on procède à un renforcement et un exhaussement de ces levées : on est alors convaincu que pour être efficaces elles doivent être insubmersibles. Mais cette surélévation entraîne un accroissement de la hauteur maximale des crues (elles peuvent alors atteindre 6 à 7 mètres) : les ponts, presque tous d'origine médiévale, s'effondrent, alors incapables de résister à de telles hauteurs d'eau. C'est ainsi que le XVIIIe, sera le siècle de construction des ponts modernes. Les

chemins sur les levées, ici fréquentés par quelques promeneurs, peuvent servir de chemin de halage.

Il se dégage de cette œuvre de Delusse un calme latent, presque inquiétant.

CDP

25 - *Beaufort en Anjou*
1820.

Lavis.

H. 0,292 ; L. 0,437.

Signé et daté : *Dessiné d'après Nature en 1820 par Mr De Lusse peintre.*

Inscription en bas et au centre, à l'encre brune : *Vue du moulin a l'entrée de la Ville de Beaufort en anjou, (bras de l'Authion petite rivière).*

Acq. : Achat avec l'aide du Fonds Régional d'Acquisition pour les Musées, 1989.

Châteauneuf-sur-Loire, musée de la Marine de Loire (inv. M 2781 A 37).

Exp. : 1991, Châteauneuf-sur-Loire, notice p. 25.

Le Grand moulin de Beaufort, à l'ouest de la ville, est situé sur un bief du Couasnon qui se jette ensuite dans l'Authion. Ce moulin existe depuis le XIIe siècle. En 1190, Richard Cœur de Lion donne deux moulins à l'abbaye cistercienne du Loroux. Un troisième est construit avant 1338. C'étaient des moulins à céréales dont la dîme des moutures de blé était partagée depuis 1225 avec l'abbaye Toussaint d'Angers. Lors de la vente révolution-

naire en 1790, seuls deux moulins fonctionnent. En 1821, Delusse n'en dessine plus qu'un jouxtant la maison du meunier.

Une partie des bâtiments remontait au XVIe siècle et fut un temps habitée par la famille de Jean Tarin (1590-1666), savant helléniste, professeur au collège de France. A gauche, un barrage avec écluse accélérait le débit du cours d'eau pour un meilleur fonctionnement de la roue. Ces moulins ont marqué la topographie de Beaufort où il existait un faubourg des moulins, une porte des moulins dans l'enceinte et un pont du Grand moulin.

Ce dessin a été réalisé depuis le vieux pont que l'on aperçoit au premier plan, seul passage sur le Couasnon. Il a été reconstruit au XVIIe-XVIIIe siècle, puis en 1827, peu après le passage de Delusse. C'est entre le moulin et le pont, là où s'envolent des canards, que se déroulait chaque année le jeu de la pelote. Le lendemain de Noël, tous les nouveaux mariés de Beaufort devaient repêcher dans l'eau des «pelotes», au grand amusement des spectateurs.

Les pieds dans l'eau et la jupe retroussée, dix-neuf laveuses tordent le linge près du moulin. Cette véritable escouade de femmes a conduit au bord d'un petit bras de rivière les tréteaux, les cuveaux, les planches et les «batoués» (battoirs). Les «batoués» sont sculptés par les mariniers d'Anjou durant les périodes de chômage ou à bord, lorsque les eaux sont calmes. Ils travaillent au couteau ces objets de bois découpés qu'ils déco-

rent du motif de la rose des vents, de cœurs ou de guirlandes de feuillage. Ils symbolisent l'amour pour celle qui demeure au pays.

Durant les deux jours précédant la lessive, le linge souillé, placé dans de grandes cuves dans la cour de la maison, trempe dans l'eau bouillante sans cesse renouvelée et dans la cendre de bois. Il est ensuite conduit à la rivière ; il y sera battu, frotté avant d'être rincé. Pour terminer, les femmes «égaillent» les chemises sur de grosses cordes de chanvre et les fixent à l'aide de taquets en bois, également réalisés par les mariniers. Delusse détaille les étapes du travail de celles qui lavent, le plus souvent à la tâche, au profit de clients bourgeois.

Au passage, depuis leurs bateaux, les mariniers hèlent les lavandières au bord des rives. Pour se moquer, ils ont trouvé un joli sobriquet «les poules d'eau». L'artiste lui aussi s'amuse à n'en pas douter... en témoigne cette envolée de canards qui évoquent probablement par leurs cris les bavardages des dix-neuf «poules d'eau».

Delusse nous laisse un dessin d'une grande valeur documentaire car c'est l'un des premiers dessins de Beaufort, antérieur aux reconstructions des moulins et du pont.

Avec les bergères, les lavandières sont les personnages préférés de l'artiste.

MD et FC

26 - *L'auberge des* Trois Volets
1821.

Lavis.
H. 0,223 ; L. 0,325.

Signé et daté : *Delusse delt 1821.*

Inscription en bas et au centre, à l'encre brune : *Vue des bords de la Loire route de Saumur a Tours prise de l'auberge des 3 volets on voit le château d'Uzes.*

Acq. : Achat avec l'aide du Fonds Régional d'Acquisition pour les Musées, 1989.

Châteauneuf-sur-Loire, musée de la Marine de Loire (inv. M 2781 A 34).

Exp. : 1991, Châteauneuf-sur-Loire, notice p. 25.

Le titre de Delusse comporte une erreur : il ne s'agit pas du château d'*Uzes,* mais d'Ussé. Il apparaît, faiblement esquissé, sur la rive gauche de la rivière.

Les Trois Volets, une auberge et un hameau de quelques maisons, placés sur la route qui relie Saumur à Tours, rive droite, sont construits au bord de la rivière, à proximité d'un petit port non loin du confluent de l'Indre et face à la forêt de Chinon. Bien placée, l'auberge, en cette année 1821, a peut être accueilli un vieux voyageur : le peintre Delusse. Il a pu s'y restaurer et même y dormir.

Les auberges sont nombreuses tout au long de la Loire : on en recense parfois trois ou quatre dans les bourgs. Il faut mesurer l'importance, pour un peuple d'hommes de l'eau, véritables nomades de la rivière, de ces lieux de rencontre installés auprès des «chan-

tiers» ou des «cales». Ils aident à constituer un véritable réseau d'informations où s'échangent les nouvelles des familles, l'annonce des événements survenus à bord, durant la montée ou la descente tout au long du fleuve, la situation du trafic des marchandises. Il est fréquent que l'aubergiste soit une femme, épouse ou veuve d'un marinier, capable de tenir boutique et comptoir et suppléer à la paye, souvent faible et irrégulière, des bateliers et compagnons.

Le cabaret fait office d'étude pour le notaire ; il s'y déplace, parfois remplacé par son clerc, pour traiter les affaires et rédiger les contrats. Les messagers y signent les lettres de voiture qui donnent le détail des marchandises, le nom du fournisseur et de l'acheteur. En cas de besoin, le maître voiturier embauche un compagnon. Les marchandises sont-elles en attente ? L'auberge peut servir provisoirement d'entrepôt.

Parmi les nombreux métiers des gens de l'eau et des rives dépeints par Delusse, il est heureux que l'artiste ait consacré une de ses œuvres aux auberges. Depuis celle des *Trois Volets* sur la levée, il a pu admirer les allées et venues des bateaux au confluent de deux rivières.

MD

27 - *Les Ponts-de-Cé et la butte d'Erigné*
1824

Lavis.
H. 0,217 ; L. 0,326.
Signé et daté : *Dessiné d'après nature par Monsieur Delusse peintre 1824.*
Inscription en bas et au centre, à l'encre brune : *Vue et portion du pont et butte d'Erigné près les bords de la Loire au dessus du pont de Cé (un lieue un quart d'angers).*
Acq. : Achat avec l'aide du Fonds Régional d'Acquisition pour les Musées, 1989.

Châteauneuf-sur-Loire, musée de la Marine de Loire (inv. M 2781 A 27).

Exp. : 1991, Châteauneuf-sur-Loire, notice p. 25.

Il s'agit ici d'une vue du pont le plus au sud de l'ensemble de quatre ponts appelé ponts de Cé ; il enjambe le Louet, bras de la Loire. La présence de moulins hydrauliques est attestée sur ce site depuis le XIIIe siècle. On en distingue deux types : les moulins-bateaux (ou moulins-bacs) et les moulins pendus.

Les moulins-bateaux sont constitués de deux vaisseaux : sur le plus grand, (le bac) se trouve la cabane qui abrite les mécanismes de transmission et de mouture ; le plus petit (la foraine), sert de flotteur. Les meuniers les placent en général, en aval des piles d'un pont ou les ancrent au milieu du cours du fleuve, afin de profiter du courant le plus favorable. Les moulins-pendus, quant à eux, sont construits sur le tablier des ponts : leur roue, accrochée sous le moulin, est montée ou descendue selon la hauteur de l'eau. La présence de ces moulins hydrau-

liques gêne considérablement les mariniers dans leurs manœuvres ; il en résulte de nombreux conflits entre mariniers et meuniers.

Delusse a représenté, dans la partie la plus à gauche du pont, un moulin pendu : il devait en rester peu dans le premier quart du XIXe siècle : en effet, techniquement, leur installation est impossible sur les ponts construits à partir du XVIIIe siècle ; ils ne subsistent que sur des ponts de type médiéval. Plus à droite, on distingue plusieurs moulins-bateaux (le meunier accède au premier de ces moulins grâce à une échelle posée contre le pont). Au fond, la présence des moulins à vent de la Roche d'Erigné confirme la vocation meunière de l'Anjou, alors que jusqu'au milieu du XIXe siècle le pain reste une composante importante de l'alimentation.

CDP

28 - *Saint-Mathurin*
1809.

Lavis.
H. 0,218 ; L. 0,319.
Signé et daté : *Delusse dessiné d'apr nature en 1809.*
Inscription en bas et au centre, à l'encre brune : *Vue de St Mathurin, sur la Levée et bords de la Loire route d'angers a Saumur, a sept lieues d'angers.*
Acq. : Achat avec l'aide du Fonds Régional d'Acquisition pour les Musées, 1989.

Châteauneuf-sur-Loire, musée de la Marine de Loire (inv. M 2781 A 25).

Exp. : 1991, Châteauneuf-sur-Loire, notice p. 24.

Arc bouté sur la bourde, le geste du passeur au bac de Saint Mathurin a été bien observé par Delusse qui a dû souvent emprunter ce type de transport d'une rive à l'autre de la Loire. Les bacs sont nécessaires en cette région d'Anjou où la rivière est très large, les îles nombreuses et les ponts éloignés les uns des autres. Ils existent depuis le Moyen Age, leurs revenus taxés par les seigneurs péagers, ceux de Montsoreau en particulier, et les abbayes riveraines (Cunault, Saint-Florent, Fontevrault).

Dès le début de la Révolution les bacs sont mis en adjudication et leurs tarifs, établis par les préfectures, doivent figurer auprès des ports. La réglementation est stricte. En 1809 Delusse paie 5 centimes pour la traversée. Chaque petit port possède un bac pour gagner les îles et ramener le lait des vaches depuis la pâture, ou transporter les moutons qui vont au pré. Dans ce cas il s'agit d'embarcations dont les proportions ressemblent à celle de la toue représentée sur le lavis.

Mais il existe aussi des bateaux beaucoup plus grands : les charrières. Elles peuvent atteindre près de 17 mètres de long. Au port, bien aménagé avec leurs cales souvent empierrées, les charrières possèdent un pont d'embarquement mobile en bois. Elles

chargent alors les passagers encombrants : le cheval, son cavalier et la valise : 1,20 F... des gros bovins guidés vers les pâturages avec leur vacher : 4 centimes... (mais, s'ils se rendent à la foire pour être vendus, le prix double). La voiture à deux roues, son cheval et son conducteur paie 2,50 F. Enfin au sommet de la hiérarchie des tarifs : l'embarquement des grands chariots à quatre roues remplis de foin, de paille et surtout de chanvre au temps des récoltes : 12 francs, attelage et charretier compris.

Cette énumération montre la diversité des services rendus par les passeurs et les passeuses de la Loire dont les tarifs doublent en période de crue.

Quant à la maréchaussée en service, elle bénéficie de la gratuité des transports. C'est sûrement le cas du gendarme debout sur le bac, dessiné par Delusse.

Les bacs assurent aussi une autre fonction, sociale cette fois. Ils favorisent les échanges entre les passagers. Le piéton qui attend sur le port l'arrivée ou le départ du bateau parle avec les passants, apprend des nouvelles des familles et des évènements survenus dans les bourgs.

De la même manière, le peintre a engrangé beaucoup de renseignements et d'impressions qu'il traduira ensuite dans ses lavis.

MD

4 – DES PORTS, DES RIVES, DES HOMMES

Cat. 36 - *Pêcheurs sur une rive de la Loire* (détail).

29 - *Tours*
1822.

Lavis.
H. 0,240 ; L. 0,340.
Signé et daté : *Delusse delt 1822.*
Inscription en bas et au centre, à l'encre brune : *Vue d'une portion du port à Tours sur le quai dit port Louis, près la Loire (l'on découvre la tranchée et ses coteaux voisins).*
Acq. : Achat avec l'aide du Fonds Régional d'Acquisition pour les Musées, 1989.

Châteauneuf-sur-Loire, musée de la Marine de Loire (inv. M 2781 A 66)

Exp. : 1991, Châteauneuf-sur-Loire, notice p. 27.

Tours est le lieu le plus en amont dessiné par Delusse, au sein de la collection conservée à Châteauneuf. Comme à Saumur, Delusse admire les grands aménagements routiers de la

fin du XVIIIe siècle. En effet, à cette époque, l'amélioration des routes engendre de nombreux travaux d'art, dont la construction de ponts souvent intégrée à une grande opération d'urbanisme comprenant, outre le pont, une large avenue et éventuellement des places.

La nécessité d'une nouvelle voie de franchissement à Tours se fait sentir alors que l'on adopte, au départ de Paris, une nouvelle route pour les pèlerins de Compostelle passant par Chartres, Tours et Poitiers. L'ancien passage se faisait par Orléans et les pèlerins devaient effectuer un détour pour aller sur le tombeau de Saint-Martin à Tours.

La nouvelle traversée de la ville est conçue et mise en place par Mathieu de Bayeux, ingénieur des Ponts et Chaussées secondé par Cadet de

Limay. Les travaux commencent par le nord en 1765 avec la construction de l'actuelle avenue de la Tranchée du faubourg Saint-Symphorien, tranchée très nettement représentée par Delusse en second plan, au milieu des coteaux. Le projet définitif du pont est présenté en 1758 et adjugé en 1765 pour plus de 3 millions de livres. Les travaux dureront jusqu'en 1779. D'une longueur de 222 toises (436 mètres) le pont comprend 15 arches.

On remarque à l'entrée du pont quatre énormes dés à but décoratif. Ils étaient à l'origine surmontés de grands vases de marbres provenant du château de Chanteloup déposés ici à leurs côtés. La mise en valeur des abords du pont a été particulièrement soignée par les ingénieurs en charge du projet.

Delusse s'intéresse également à l'activité du quai. L'embarcation représentée à droite attire particulièrement l'attention. On retrouve en effet ce même bateau et ses deux mariniers à la bourde dans un dessin tout à fait similaire de 1815 intitulé *Vue prise sur la Loire sur l'isles Lambardières et de Beuyart, près de Rochefort allant à Nantes* (cat. 36).

Seul, le chargement diffère : des marchandises à Tours et des femmes aux îles Lambardières. Ces dernières ne sont d'ailleurs pas tout à fait à la même échelle que les deux mariniers, ce qui laisse penser, de la part de Delusse, à la réutilisation de modèles en atelier. Il est en revanche plus troublant de constater que ce bateau de Tours, est reproduit, cette fois exactement à l'identique, sur une gravure de

M.F. Wulfcrona représentant le port d'Orléans, probablement au début du XIXe. Cette dernière n'étant pas datée, il reste à savoir lequel des deux artistes s'est inspiré de l'autre, à moins qu'il ne s'agisse d'une seule et même main.

CDP

30 - *Saumur*
1809.

Lavis.
H. 0,350 ; L. 0,523.
Signé et daté : *Dessiné sur lieu en 1809 par J.J.Delusse.*
Inscription en bas et au centre, à l'encre brune : *Vue d'une partie de la Ville et du pont de Saumur sur la Loire.*
Acq. : Achat avec l'aide du Fonds Régional d'Acquisition pour les Musées, 1989.

Châteauneuf-sur-Loire, musée de la Marine de Loire (inv. M 2781 A 54).

Exp. : 1991, Châteauneuf-sur-Loire, notice p. 26.

Avec ce panorama de Saumur, Delusse fixe depuis l'île d'Offard, le remarquable alignement de monuments de la ville, auxquels l'utilisation de la pierre de tuffeau pour les murs, et de l'ardoise pour les toitures donne une belle homogénéité.

On distingue ainsi d'Est en Ouest (de gauche à droite sur le dessin) le dôme classique de la chapelle Notre-Dame des Ardilliers, puis adossé à la *butte des moulins*, le faubourg de Fenet, quartier des patenôtriers (fabricants de chapelets) dominé, sur le coteau, par le château médiéval, au confluent de la Loire et du Thouet. Sur les pentes du coteau s'épanouit le centre de la ville autour du clocher de l'Eglise Saint-Pierre et des tourelles renaissances de l'Hôtel de Ville dont on distingue les mâchicoulis, reste de l'époque où il était intégré à l'enceinte. La perspective se termine par le pont, connu depuis 1826 sous le nom de «*pont Cessart*».

Ce pont, conçu par l'ingénieur en chef de la généralité de Tours, Jean-Baptiste de Voglie, assisté du sous-ingénieur Louis-Alexandre Cessart, est relativement récent lorsque Delusse le représente. Sa construction, qui a permis une traversée nouvelle du fleuve, s'intègre dans un plan d'urbanisme plus large comprenant la mise en place d'un nouvel axe routier s'étirant en droite ligne à travers la ville.

Le nouveau pont aux proportions majestueuses (6 toises - 11,70 m - de largeur et douze arches de 60 pieds - 19,50 m - d'envergure) a représenté un chantier considérable qui a duré de 1756 à 1770, pour lequel les techniques les plus modernes ont été mises en œuvre (parmi elles l'utilisation de caissons flottants pour monter au sec la maçonnerie des piles).

Delusse se plait à souligner la très grande activité de la ville : nombreux bateaux sur le fleuve et pont encombré de passants. Parmi eux, on remarque d'ailleurs quelques soldats de la Grande Armée. Un an plutôt, le 12 août 1808, l'Empereur est entré dans la ville. Les soldats napoléoniens font-ils partie des milliers d'hommes qui se dirigent alors vers l'Espagne, en passant par Saumur ?

CDP

31 - *Saumur*
1825.

Lavis.
H. 0,217 ; L. 0,324.
Signé et daté : *Dessiné sur Lieu par Mr. Delusse Peintre en 1825.*
Inscription en bas et au centre, à l'encre brune : *Vue du pont et d'une partie de la Ville de Saumur, bord de la Loire.*
Acq. : Achat avec l'aide du Fonds Régional d'Acquisition pour les Musées, 1989.

Châteauneuf-sur-Loire, musée de la Marine de Loire (inv. M 2781 A 13).

Bibl. : Giraud-Labalte, repr. p. 84, fig. 31.
Exp. : 1991, Châteauneuf-sur-Loire, notice p. 24.

1825 : Delusse pose à nouveau son chevalet sur l'île d'Offard pour dessiner le panorama de la rive gauche de Saumur, seize ans après sa première représentation du site en 1809. Que de changements ! Pas tant dans la physionomie de la ville qui a finalement peu évoluée que dans l'atmosphère qui s'en dégage. On peut noter la construction d'un escalier d'accès au pont du côté de l'île d'Offard et les remaniements urbanistiques du quartier Saint-Pierre.

On est loin de l'animation de 1809. Un seul train de deux bateaux chargés, voiles affalées, s'apprête à passer sous le pont alors que deux autres sont à quai. Le pont, quant à lui est quasiment désert ; un cavalier qui le traverse rappelle peut-être à Delusse que l'école de cavalerie vient de recevoir en cette année 1825 le nouveau nom d'Ecole royale de cavalerie, après avoir été licenciée en 1822 et transférée à Versailles en raison de la participation de certains de ses élèves à des tentatives insurrectionnelles (elle est de retour à Saumur en 1824).

Que reste-il du dynamique carrefour saumurois ? Reléguée après la Révolution au rôle de sous-préfecture de province (c'est Angers qui devient chef-lieu du département), Saumur subit dès lors et jusque vers 1830 un net déclin commercial et démographique, que l'artiste semble très bien ressentir.

CDP

32 - *Château de Saumur et quai Fenet*
1810.

Lavis.
H. 0,220 ; L. 0,320.
Signé et daté : *De Lusse Del 1810.*
Inscription en bas et au centre, à l'encre brune : *Vue du chateau ou citadelle de Saumur, et du quai enfesnest.*
Acq. : Achat avec l'aide du Fonds Régional d'Acquisition pour les Musées, 1989.

Châteauneuf-sur-Loire, musée de la Marine de Loire (inv. M 2781 A 11).

Exp. : 1991, Châteauneuf-sur-Loire, notice p. 24.

Delusse a représenté sur cette œuvre huit bateaux de Loire, la plupart de grande taille, et donc destinés au transport des marchandises. Par ces bateaux, l'artiste rappelle que le commerce fluvial est une tradition ancienne de Saumur, même si la Révolution a marqué un certain déclin de cette activité.

Sous l'Empire, la guerre et le blocus continental obligent la ville à réorien-

ter son commerce fluviale vers l'amont, où sont principalement exportés des produits agricoles locaux : rive droite, la présence de sols alluviaux est très favorable aux cultures, alors que rive gauche, le vignoble prospère au revers du plateau de tuffeau. Ainsi sont exportés par voie d'eau vers la Loire moyenne, vin, chanvre, huiles et graines oléagineuses, maïs, fruits secs et céréales (les moulins à vent sur le coteau rappellent d'ailleurs que souvent le grain est vendu sous forme de mouture ou de farine).

Mais la première industrie saumuroise est celles des «patenôtriers», installés dans le faubourg Fenet, dont Delusse a représenté le quai ; ils fabriquent des chapelets de cocos ou d'émail exportés par la Loire. Cette activité ancienne, liée à la présence de Notre-Dame des Ardilliers est très prospère au XVIIe siècle. Bien que plus modeste au début du XIXe siècle, elle continue de faire vivre beaucoup d'artisans du faubourg.

Le dessin est dominé par la masse imposante du château. C'est une belle ruine que fixe Delusse en cette année 1810, une belle ruine qui a été menacée de disparaître. En effet, après la révolution, la forteresse médiévale est déclarée inutile à la sûreté des frontières (car trop éloignée des côtes) et désignée pour être supprimée et aliénée par la loi du 10 juillet 1791. Quelques années plus tard (1797) alors qu'une tour lézardée menace de s'écrouler (celle de droite sur le dessin), l'ingénieur des Ponts et Chaussées, estimant que la conservation de l'édifice offre peu d'intérêt alors qu'elle occasionne d'importantes dépenses, propose sa démolition....

La municipalité de Saumur s'oppose cependant à cette mesure radicale et se met en quête d'une nouvelle vocation pour ce monument. En 1809, le préfet reconnaît d'ailleurs que «comme édifice public et comme point de perspective (le château) est nécessaire à la décoration de la ville et à fixer sur elle l'attention des voyageurs»... Un an plus tard, il est décidé d'établir une prison d'Etat dans ce château, après des travaux de restauration.

En le représentant cette même année, Delusse s'inscrit-il seulement dans la démarche de nombreux artistes de son époque friand de ce type de monuments , ou veut-il exprimer sa satisfaction de pouvoir représenter un monument sauvé de la destruction ?

CDP

33 - *La colline de Champtoceaux et Oudon* 1815.

Lavis.
H. 0,224 ; L. 0,314.
Signé et daté : *Dessiné par J.J. Delusse en 1815 sur lieu.*
Inscription en bas et au centre, à l'encre brune : *Vue des environs de Chantoceaux et d'Oudon sur la Loire, allant à Nantes, près de St Florent dit le Vieux.*
Acq. : Achat avec l'aide du Fonds Régional d'Acquisition pour les Musées, 1989.

Châteauneuf-sur-Loire, musée de la Marine de Loire (inv. M 2781 A 20).

Exp. : 1991, Châteauneuf-sur-Loire, notice p. 24.

Au village de Champtoceaux, les rives de la Loire se resserrent. Bien que peu perceptibles dans l'œuvre de Delusse, les collines rives gauche et droite forment une sorte de défilé rocheux, marqué par des souvenirs héroïques.

Le site de Champtoceaux s'appuie sur deux éperons escarpés. Le plus à l'ouest, couvert d'arbres, servait de base à un important ensemble fortifié de l'époque féodale. Il fut le témoin des luttes acharnées que se livrèrent le Duc de Bretagne Jean V et Marguerite de Clisson. En 1420, elle enleva le Duc et ses gens, les tortura et les traîna de cachot en cachot. Le siège mis au château, les seigneurs bretons escaladèrent et sauvèrent leur prince. Puis ils démolirent pierre à pierre la forteresse dont il ne reste en 1815 qu'un chaos rocheux sous l'enchevêtrement des ronces et des taillis, que l'on ne perçoit pas sur l'œuvre de Delusse.

Le village se transporte alors à l'est, sur l'autre colline, d'où l'on admire l'un des plus beaux points de vue de la vallée. Delusse s'est placé à mi-côte sur le chemin qui grimpe au hameau du *Paradis,* au-dessus du cabaret de la *Boule Rouge* dont on distingue l'en-seigne. Au *Paradis* vivent les hommes de l'eau et leurs familles dans de très modestes maisons serrées les unes contre les autres, aux toits de tuiles romaines et aux murs sombres : deux pièces et un hangar.

Une vie très modeste : les femmes utilisent comme draps les toiles à voile usées et descendent auprès de la gare à bateau, à l'est du port, pour laver le linge. Les familles ramassent les châtaignes dans les *coulées* à l'approche de l'hiver.

Depuis le port de la *Patache,* en contrebas, les mariniers dont on voit les bateaux amarrés, des bachots de 7 à 8 mètres de long, manœuvrés à la bourde, transportent des tuiles et du bois vers Paimboeuf. Ils remontent, au vent, les foins des prairies de Cordemais et de Couëron, le long de la *rivière de Nantes.*

MD

34 - *La butte d'Erigné et le Louet*
1824.

Lavis.
H. 0,243 ; L. 0,320.

Signé et daté : *Dessiné sur le lieu par M. Delusse 1824.*
Inscription en bas et au centre, à l'encre brune : *Vue et environs de la butte d'Erigné prise sur les hauteurs ou Montagne de Mauve planant sur la Loire - ajouté en bas à droite : de meuve, meure sur les bords de la Loire.*

Acq. : Achat avec l'aide du Fonds Régional d'Acquisition pour les Musées, 1989.

Châteauneuf-sur-Loire, musée de la Marine de Loire (inv. M 2781 A 3)

Exp. : 1991, Châteauneuf-sur-Loire, notice p. 23.

Delusse représente ici le Louet, en vue plongeante. On aperçoit à l'arrière plan le pont qui le traverse. Il s'agit d'un des quatre ponts de l'ensemble appelé Ponts-de-Cé. C'est le plus au sud et aussi le plus long. Il est surplombé par la butte d'Erigné et ses nombreux moulins à vent.

Dans le titre autographe l'artiste déclare se situer sur la montagne des Mauves (il s'est d'ailleurs représenté à droite de l'œuvre, entouré de curieux), dénomination qu'il corrige plus bas en «meure» ou «meuve». Il semble en fait qu'il s'agisse de la roche de Murs, à l'ouest d'Erigné.

Autre inexactitude, Delusse pense être face à la Loire alors que ce n'est qu'un bras du fleuve, le Louet. Ce cours d'eau est en réalité peu navigué, les mariniers préférant franchir les ponts de Cé sur la Loire (au nord), plus navigable.

Il parait étonnant qu'il n'ait pas représenté de moulins hydrauliques à proximité du pont, que ce soit des moulins à bac ou des moulins pendus, alors même que dans un dessin intitulé *Vue et portion de la Loire au-dessus du pont de Cé (cat. 28)*, et réalisé la même année (1824), il les dessine en détails.

CDP

35 - *Château et village de Luynes*
1821.

Lavis.
H. 0,218 ; L. 0,328.

Signé et daté : *Dessiné sur lieu par J.J. Delusse 1821.*
Inscription en bas et au centre, à l'encre brune : *Vue ou environs de Luines et La ruine du chateau près la Loire route de tours a saumur.*
Acq. : Achat avec l'aide du Fonds Régional d'Acquisition pour les Musées, 1989.

Châteauneuf-sur-Loire, musée de la Marine de Loire (inv. M 2781 A 71).

Exp. : 1991, Châteauneuf-sur-Loire, notice p. 27.

Delusse s'est souvent attaché à décrire le travail agricole des bords de Loire. Ici, en Touraine, ce sont les moissons, le transport du foin et de la paille qu'il prend pour sujets avec cette belle et lourde charrette tirée par trois chevaux au long du chemin de la levée.

Le charretier, et son chien, se dirigent vers Tours. Ils ont emprunté l'une des deux routes pavées qui relient Tours à Angers, celle de la rive droite, et suivent la voyageuse sur sa monture bâtée. Le trafic routier est intense en vallée de Loire dans les premières années de la Restauration : le nombre d'entreprises de messageries par eau et par route est aussi important à Tours qu'à Angers. Elles assurent le transport des voyageurs et des marchandises à travers la Bretagne et le Poitou, vers Nantes et vers Paris. Depuis Tours, véritable plaque tournante routière, on peut gagner Bourges et le Bourbonnais.

En 1820, selon l'*Annuaire du Maine et Loire,* «les voitures à quatre roues sont suspendues et très commodes». Il est fort probable que le peintre les a empruntées. Quittant son logement du Museum, il a pris le coche, quai Bourbon, chez le voiturier Piau, et quitté Angers à huit heures du matin, est passé par Saumur et a rejoint Luynes et Tours.

Assis probablement sur l'un des petits ports des bords de la route au hameau du "*Bouge au vin*" ou à celui de "*La Bourrelière*", l'artiste observe le paysage et les bateaux. Dans le lointain, il représente le bourg de Luynes qui compte à l'époque deux mille habitants, un officier de santé, et attire les Tourangeaux par ses quatre foires annuelles .

Le château, qui domine la petite ville depuis l'époque médiévale, appartient à une même famille : les Maillé. Ses hautes murailles sont visibles de la route ; mais contrairement à ce que note Delusse, elles ne sont pas vraiment en ruine : le château n'a pas souffert de la période révolutionnaire. Les hautes tours sévères dominent le vallon. La terrasse s'ouvre sur un très beau paysage et les bâtiments qui l'enserrent, construits avec le plus beau des tuffeaux d'Anjou, ornés d'un décor de briques, adoptent le style de la Renaissance italienne.

Comme en symétrie, Delusse a représenté une autre colline. Elle porte au sommet le vieil ensemble de l'ermitage Saint-Venant.

MD

36 - *Montjean et Chalonnes*
1819.

Lavis.
H. 0,225 ; L. 0,320.
Signé et daté : *Dessiné sur lieu par J.J. Delusse 1819.*
Inscription en bas et au centre, à l'encre brune : *Vue des environs du village, cha-*

teau Ruiné de Montjean, et de Chalonnes sur la Loire, sur les bords de la rive gauche venant de Nantes a Angers 5 lieues d'angers.
Acq. : Achat avec l'aide du Fonds Régional d'Acquisition pour les Musées, 1989.

Châteauneuf-sur-Loire, musée de la Marine de Loire (inv. M 2781 A 44).

Exp. : 1991, Châteauneuf-sur-Loire, notice p. 26.

Delusse représente ici deux villages situés sur la rive gauche, Montjean et Chalonnes, vus depuis la rive droite.

Au centre de l'œuvre, il a dessiné un grand corps de bâtiment percé de nombreuses fenêtres et dépourvu en partie de sa toiture : il s'agit du château de Montjean incendié pendant les guerres de Vendée. Plus à gauche, sur une butte se trouve le village de Montjean, puis au loin, le village de Chalonnes.

Comme souvent, Delusse propose une vision très bucolique et sereine du fleuve ; il gomme les traces du début de l'aventure industrielle du XIXe siècle, à laquelle Montjean a largement participé. Cependant, une ligne traversant le dessin en diagonale (du bas à droite en haut à gauche), rappelle les trois composantes de l'histoire montjeannaise : la culture et la transformation du chanvre (bottes de chanvres en train de rouir), le transport fluvial (bateau chargé de marchandises), l'extraction du charbon et du calcaire pour la production de la chaux (fumée noire au-dessus du village). En effet, la transformation des roches calcaires en chaux était, depuis le milieu du XVIIIe siècle, une activité spécifique de cette région et de Montjean en particulier. La présence de mines de charbon per-

mettait de fournir le combustible. La chaux, utilisée pour les constructions et dans l'agriculture, alimentait le trafic ligérien de la basse Loire. Dans le *Voyage de Nantes à Angers et d'Angers à Nantes,* guide du voyageur par inexplosible, de 1830, l'auteur déclare avec beaucoup d'humour que l'«on remarque un contraste assez bizarre chez les habitants, les uns sont chaufourniers les autres charbonniers ; aussi leur réunion présente elle un singulier mélange de blanc et de noir ; les amis regardent à deux fois, avant de se donner une poignée de main ; mais l'amour, j'aime à le croire, opère souvent la fusion des couleurs».

Delusse, lui, préfère ne pas s'attarder sur cette vocation industrielle : se limitant à la fumée noire, il n'esquisse même pas les cônes tronqués et trapus, forme caractéristique des fours à chaux.

CDP

37 - *Gennes*

Lavis.
H. 0,227 ; L. 0,320.
Signé : *...eLusse delt.*
Inscription en bas et au centre, à l'encre brune : *Vue du coteau et environs de Gennes sur la Loire vis à vis Les Rosiers, route d'angers à Saumur.*
Acq. : Achat avec l'aide du Fonds Régional d'Acquisition pour les Musées, 1989.

Châteauneuf-sur-Loire, musée de la Marine de Loire (inv. M 2781 A 39).

Delusse observe le village de Gennes, rive gauche, dont le coteau est couronné par l'église Saint-Eusèbe, depuis la localité des Rosiers située rive droite. Trois bateaux de petite taille et sans mât semblent consacrés, en l'absence de pont, au transport transversal, ou en tous cas, à un trafic très local. La nature de leur chargement, du fourrage probablement destiné au bétail, en atteste. On constate ici l'importance

83

des liens économiques entre la terre et le fleuve. En effet, en amont d'Angers, rive droite, les riches terres alluvionnaires produisent des céréales et des fruits facilement transportés rive gauche. Par ailleurs, si les crues représentent un caprice redouté du fleuve, les submersions hivernales porteuses de dépôts alluvionnaires fertiles constituent un avantage certain pour l'agriculture.

Delusse a très bien reproduit les gestes des mariniers qui propulsent et guident leurs embarcations à l'aide des bourdes, longues perches avec lesquelles ils prennent appui au fond du lit du fleuve.

CDP

38 - *Les îles Lambardières et Béhuard*
1815.

Lavis.
H. 0,213 ; L. 0,318.
Signé et daté : *Dessiné sur lieu par J.J. Delusse en 1815.*
Inscription en bas et au centre, à l'encre brune : *Vue prise sur la Loire des isles lambardières et de beuyart près de Rochefort allant à Nantes.*
Acq. : Achat avec l'aide du Fonds Régional d'Acquisition pour les Musées, 1989.

Châteauneuf-sur-Loire, musée de la Marine de Loire (inv. M 2781 A 57).

Exp. : 1991, Châteauneuf-sur-Loire, notice p. 26.

Les îles ont plus souvent servi à Delusse de point d'observation que de véritable sujet. L'île de Béhuard, en face de Savennières, est célèbre en Anjou à cause de son église et de son pèlerinage à la Vierge. Il est difficile à l'artiste de ne pas en fixer le souvenir.

Depuis Angers, le labyrinthe des îles adopte un rythme régulier. Chaque archipel est suivi d'un chenal large, au flux paisible. Le long des bords poussent les saules et les osiers si précieux pour les paysans, les mariniers et les pêcheurs. Ils les taillent régulièrement, à la fin de l'hiver et tressent les corbeilles, les emballages pour les fruits, les légumes, les marchandises et les engins de pêche.

A l'époque où Delusse circule en Anjou, les îles sont cultivées ; on travaille à la bêche et à la houe les productions maraîchères et surtout le chanvre.

Les îles ne sont pas protégées des crues par les levées, les inondations sont fréquentes dans cette région en aval de l'embouchure de la Maine. L'hiver, elles ne surprennent pas les populations habituées à vivre avec les crues, dont le limon est fertilisant. L'île de Béhuard en témoigne. Des anneaux de fer sont scellés dans la roche au pied de l'église pour y attacher les toues et les plates quand la rivière submerge et qu'il faut déplacer, en bateau, les bêtes et les gens. Le sol de certaines maisons comporte même une rigole qui permet d'évacuer plus facilement les eaux envahissantes.

Entourée d'un petit groupe de vieilles bâtisses, la chapelle de Béhuard s'élève au milieu des sables de l'île sur une roche sombre et schisteuse de plus de neuf mètres de haut, et qui pointe au sol de la nef. Le peuple et les rois de France ont aimé Béhuard. Depuis le XIIe siècle l'aspect mystérieux de cette chapelle-grotte, entourée d'eau et vouée à la Vierge, est riche de symboles.

MD

39 - *Les Rosiers*
1810.

Lavis.
H. 0,226 ; L. 0,320.
Signé et daté : *De Lusse - dessiné d'après nature 1810.*
Inscription en bas et au centre, à l'encre brune : *Vue de la petite ville des Roziers sur les bords de la Loire route de Saumur à angers 5 lieus d'angers.*
Acq. : Achat avec l'aide du Fonds Régional d'Acquisition pour les Musées, 1989.

Châteauneuf sur Loire, musée de la Marine de Loire (inv. M 2781 A 4)

Exp. : 1991, Châteauneuf-sur-Loire, notice p. 23.

Le bourg des Rosiers se situe sur la rive droite du fleuve entre Saumur et Angers. Comme dans beaucoup de villages ligériens d'Anjou et de Touraine, on y a cultivé, pendant plusieurs siècles, le chanvre.

Cette plante textile que Rabelais évoque déjà dans *Pantagruel,* est de type dioïque, ce qui signifie qu'elle a des pieds mâles et des pieds femelles. Sa culture demande de multiples opérations : semée au printemps, elle est récoltée en été ; les pieds mâles sont ramassés quelques jours avant les pieds femelles (ils arrivent à maturité plus tôt). Ils sont alors liés en bottes pour le rouissage : les bottes, retenues par des pierres qui les empêchent d'être entraînées par le courant, sont immergées dans le fleuve ; au cours de cette opération, la fibre se décolle de l'écorce : elles seront plus tard séparées par broyage après séchage. Afin de les démêler, les fibres sont peignées puis filées.

Ce type de culture est lié à la marine, le chanvre servant alors à la fois à la fabrication des voiles et des cordages.

Deluße observe les Rosiers de la rive gauche : la Loire se trouve donc au premier plan avec au milieu de son lit des bottes de chanvre en train de rouir. Cette étape de la production, bien que de courte durée (une dizaine de jours), est probablement très

typique : l'artiste la représente sur trois de ses dessins (aux Rosiers, Saint-Mathurin et Montjean).

Il émane une certaine tranquillité de ce village, invariablement décrit comme charmant dans les guides de voyage de la première moitié du XIXe siècle. L'auteur du *Voyage d'Orléans à Nantes par les inexplosibles de la Loire* (1839) parle d'une petite ville «élégante dans sa simplicité, et qui, au milieu de tous ces débris d'un autre âge, repose si bien la vue sur ses maisons si coquettes de simplicité» ; les «débris» sont les vestiges antiques de Gennes...

CDP

40 - *Rochefort-sur-Loire*
1815.

Lavis.
H. 0,220 ; L 0,318.
Signé et daté : *...essiné sur lieu par J.J. Delusse, en 1815.*
Inscription en bas et au centre, à l'encre brune : *Vue prise sur les bords de la Loire, environs du bourg de Rochefort sur Loire.*
Acq. : Achat avec l'aide du Fonds Régional d'Acquisition pour les Musées, 1989.

Châteauneuf-sur-Loire, musée de la Marine de Loire (inv. M 2781 A 43).

Exp. : 1991, Châteauneuf-sur-Loire, notice p. 26.

Il est facile de situer le lieu de travail du peintre grâce à la représentation minuscule, à droite du lavis, de la ruine de Saint-Offrange. Le clocher derrière les arbres, domine le bourg de Rochefort, rive gauche de la Loire, non loin de la «corniche angevine». C'est ici, la terre du très ancien

vignoble angevin, celui des crus de «blanc» qui sentent, dit-on, l'abricot et le tilleul en fleurs, en particulier le *quart de chaume*, grand vin au goût sucré.

Dès le XVe siècle, la production des vignerons de cette région de la Loire est particulièrement appréciée des clients anglais et hollandais. Leurs acheteurs possèdent des comptoirs à Nantes. Ils choisissent sur place dans les principaux vignobles de l'Anjou et exportent ensuite ces «vins de mer» qu'ils chargent sur les navires, à Paimboeuf. Le vin nouveau, juste après la vendange, dès le mois de novembre, est mis en pièce et conduit

à Nantes pour vieillir dans les caves des marchands voituriers avant d'être exporté.
A bord des gabares du port de Rochefort s'entassent d'innombrables fûts et le bois de merrain, destinés aux tonneliers. On a pu compter en une

année près de 29 milliers de pièces. Au cours de la seconde moitié du XVe siècle, sous le règne de Charles VII, d'énormes quantités de vin transiteront vers l'étranger : près de 771 hectolitres en 1446. Les crus angevins n'ont pas le droit de dépasser Rochefort pour ne pas concurrencer la production de Touraine et de l'Orléanais qui, elle, est dirigée à la remonte vers Paris. Depuis Rochefort les *"pipes"* (futaille pour le vin) prennent la rivière au passage du port d'Ingrandes, la douane la taxe lourdement.

On ne sait si Delusse appréciait les vins d'Anjou. On pourrait l'affirmer puisqu'il a souvent représenté cabarets et auberges. Alors qu'il travaille assis, face à la Loire, il lui arrive de dessiner auprès de lui une petite bouteille gainée de jonc.

MD

5 – ANGERS
ET SES ENVIRONS

Cat. 58 - *Angers, le logis Barrault* (détail).

41 - *Eglise et tour de l'abbaye Saint-Nicolas*

Repr. coul. p. 39
Après 1776.

Sanguine.
H. 0,250 ; L. 0,405.
Inscription : *Eglise et tour de l'abbaye St nicolas, vue du champ du même nom.*
Acq. : Don Auguste Michel, 1918.

Angers, musée des Beaux-Arts (inv. AMD 918.39)

Œuvre en rapport. : lithographie chez E. Barassé par Aimé de Soland, *Bulletin historique et monumental de l'Anjou*, 1868-1869, p. 96.
Bibl. : Guéry, 1913, p. 45 ; Giraud-Labalte, 1976, n° 69 ; cat. exp. 1991, Châteauneuf-sur-Loire, notice p. 23.

Cette sanguine, technique rare chez Delusse, est un de ses plus anciens dessins montrant une vue de paysage ou d'architecture : sans être daté, il peut cependant remonter aux der-

nières années de l'Ancien Régime, avant que l'église abbatiale soit détruite sur ordre du Comité révolutionnaire d'Angers et serve de carrière. Le dessin représente la face latérale nord de l'église, très cadrée et d'une grande précision, sans le moindre dégagement tout autour, donnant ainsi une vision quasi archéologique et en gros plan en quelque sorte d'un édifice, autre caractéristique assez peu fréquente chez Delusse. Cette particularité confirme le talent d'observation du dessinateur, conférant à cette sanguine une valeur documentaire inhabituelle : ce n'est d'ailleurs pas par hasard si elle a fait l'objet, vers 1860, d'une gravure pour le *Bulletin historique et monumental de l'Anjou* (Angers, musée des Beaux-Arts, inv. AMD 918.42).

L'abbaye fut fondée par Foulque Nerra à la suite d'un vœu qu'il fit en échappant à un naufrage, vers la Terre sain-

te, invoquant saint Nicolas, patron des gens de mer. L'édifice originel, de la première moitié du XIe siècle, fut remplacé après 1150 par celui représenté par Delusse, correspondant au premier style gothique angevin. Grâce à la justesse de son dessin, nous pouvons suivre, avec une grande fiabilité, le déroulement et les transformations de la construction. On remarque l'ancienneté du chœur avec ses fenêtres à double rouleau encore en plein-cintre comme à la nef de la cathédrale, et ses arcs-boutants très simples chargés d'épauler les fameuses voûtes bombées angevines. Le rapprochement de ces éléments permet ainsi d'appréhender un édifice de transition entre art roman et gothique. La nef par contre montre une élévation franchement gothique avec des fenêtres élancées aux fenestrages caractéristiques du XIIIe siècle, indiquant vraisemblablement une deuxième campagne de construction, dans la continuité de la première ; de même l'échauguette à l'angle de la façade occidentale, sommée d'une flèche de pierre, qui évoque une formule comparable à l'abbaye Toussaint, du milieu du XIIIe siècle, ou au prieuré de l'Evière - qu'a également dessiné Delusse. Ce dernier montre par ailleurs les réaménagements ou avatars ultérieurs qu'a connu le bâtiment, éléments de fortification à la fin du Moyen Age, ou la reprise de la couverture du chœur, à comble brisé, à la charnière des XVIIe et XVIIIe siècles. En complément, mais indissociable, est figurée à gauche la tour des cloches, construite indépendamment de l'église, le long du mur nord de l'enclos monastique (la partie basse, en dessous des baies, existe encore) ; au premier plan, mais

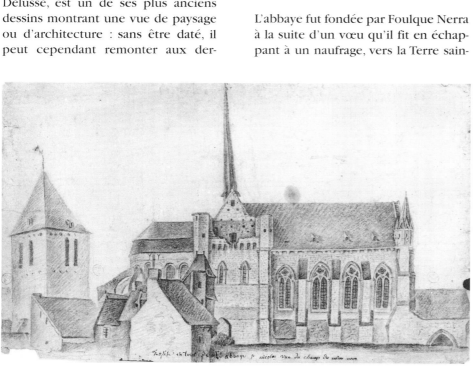

plutôt esquissés car jugés de moindre intérêt, des bâtiments annexes dont le «secrétariat», d'après un plan du XVIIIe siècle.

Ce dessin montre un aspect de l'œuvre de Delusse, dénué de pittoresque par sa rigueur et sa frontalité, qui est finalement resté isolé. Il est d'autant plus remarquable, que ce véritable portrait de monument a concerné un édifice médiéval et a été l'un des plus précoces, dès la fin du XVIIIe siècle, parmi les œuvres de caractère topographique de Delusse, antérieurement à toute sensibilité romantique pour le Moyen Age et à toute préoccupation de nature archéologique.

OB

42 - *Vue de l'abbaye de Saint-Nicolas à Angers*

Lavis.
H. 0,231 ; L. 0,384.
Inscription : *Delusse d.* ; en bas au centre : *vue de l'abbaye de St nicolas à angers.*
Acq. : Achat avec l'aide du Fonds Régional d'Acquisition pour les Musées, 1989.

Châteauneuf-sur-Loire, musée de la Marine de Loire (inv. M 2781 A 50).

Cette autre vue de l'abbaye Saint-Nicolas montre les importantes reconstructions opérées au début du XVIIIe siècle, suite à la réforme mauriste. Dans un souci de grandeur - qui hypothéqua les revenus du monastère pour longtemps - autant que de confort, les religieux remodelèrent le plan même de l'abbaye pour constituer vers les meilleures orientations, le sud et l'ouest, deux façades monumentales en bordure de promontoire. Ils s'autorisèrent de notables écarts au plan bénédictin traditionnel en installant la sacristie et le chapitre, normalement en prolongement du transept de l'église, à l'occident, dans la petite aile sur le dessin. C'est de surcroît les faces qui offrent les vues les plus agréables, ouvrant tout à la fois sur les vastes horizons de la vallée de la Loire comme sur le paysage immédiat de l'étang Saint-Nicolas, au premier plan. Ce plan d'eau sinueux et tout en longueur, alimenté par un petit affluent de la Maine, le Brionneau, se love dans des escarpements de schiste qui servirent autrefois de carrières d'ardoise. C'est donc la vue la plus significative et la plus pittoresque que dessina ici Delusse, celle sans cesse reprise depuis, jusqu'à aujourd'hui, le paysage ayant en définitive peu évolué.

Posée sur une terrasse, la majestueuse façade méridionale, longue de quatre-vingt-huit mètres, constitue l'image symbolique de l'abbaye, masquant au regard du passant sur la route de Nantes en contrebas, les constructions médiévales jugées alors indignes, notamment le cloître et l'église. Apparaissant comme un véritable château, et traitée comme telle, cette élévation présente au-dessus d'un haut soubassement deux étages décroissants, selon un parti largement répandu dans l'architecture du temps de Louis XIV ou de Louis XV. Des frontons alternativement triangulaires et curvilignes couronnent et renforcent la monumentalité de cette composition rythmée et équilibrée - Delusse a éprouvé quelque difficulté à représenter le fronton cintré de l'avant-corps médian ! Pour autant, notre dessinateur sait se montrer observateur. Par exemple, les quatre travées à l'ouest en extrémité de la grande faça-

de ne semblent comporter que des baies murées, à l'exception d'une, au dernier étage : ce sont effectivement de fausses baies, comme il y en a également sur l'élévation principale, derrière lesquelles se cachent des restes de maçonneries médiévales - les élévations du XVIIIe siècle sont en partie des placages - , des voûtes ou des cheminées, correspondant au réfectoire ou à la cuisine. De même, il transcrit scrupuleusement la réalité de l'état des lieux, avec l'aile ruinée à gauche, alors que l'abbaye, sécularisée, était en partie détruite et affectée à des usages, caserne, hôpital militaire, peu favorables.

OB

43 - *Vue du château d'Angers du côté de la porte des Champs*
1787.

Lavis.
H. 0,219 ; L. 0,344.
Inscription : *Par mr Delusse. Vue du château d'angers du côté de la porte des champs, 1787.*
Acq. : Achat avec l'aide du Fonds Régional d'Acquisition pour les Musées, 1989.

Châteauneuf-sur-Loire, musée de la Marine de Loire (inv. M 2781 A 56).

Exp. : 1991, Châteauneuf-sur-Loire, notice p. 26.

Ce lavis n'a aucune prétention à l'exactitude, ni topographique, ni monumentale. Les inexactitudes sont nombreuses dans la représentation de la porte et de l'ouvrage avancé, comme du terrain au premier plan (l'actuelle place Kennedy), en réalité davantage en pente.

L'image est centrée sur les deux tours de la porte des Champs et des courtines adjacentes au point d'omettre de chaque côté les tours les plus voisines. Dans le bloc de constructions ainsi défini, l'auteur a privilégié deux aspects : la massivité des ouvrages militaires étagés en triangle bas, le contraste entre les formes géométriques de ces ouvrages et le pittoresque aérien de la végétation installée sur la butte de terre avec ses frondaisons haut portées sur des troncs nus.

Il ne s'agit donc pas de rendre compte de la réalité, mais de traduire une impression personnelle «préromantique» alliant ruines et végétation. Les «erreurs», volontaires ou du moins consenties, sont en conséquence nombreuses tant sur la porte elle-même que sur la barbacane.

Pourtant la courtine crénelée de droite est bien conforme à ce qui devait exister alors, avant l'établissement en 1793 d'une rampe intérieure protégée par un haut parapet percé de meurtrières. Les bandes horizontales, blanches sur le schiste sombre des tours de la porte des champs, sont bien notées, mais non le parement uniquement calcaire qu'elles présentent sur les deux tiers de leur hauteur. Sur la tour de gauche, l'ouverture est celle d'une bretèche dont les corbeaux, qui subsistent, ont été ici omis. Sur celle de droite, seuls les créneaux, qui figurent dans l'alternance créneaux/archères, ont été retenus. La courtine de droite est saillante et ses créneaux sont placés en arrière du garde-corps, sur le mur oriental du logis du gouverneur, contrairement à toute logique et à ce qui existe toujours.

La destruction de la barbacane, vers 1830, oblige à utiliser les textes et documents figurés, qui sont heureusement fiables : minute de 1392, plan dit de Turin de 1589, plans du Génie des XVIIIe et XIXe siècles.

Tous montrent en plan un bastion triangulaire flanqué à sa gorge d'une tour et d'une porte munie de deux ponts-levis du côté sud (à gauche), d'une autre tour à droite un peu plus importante. Les deux tours dominaient nettement la courtine comme sur le lavis, et étaient légèrement en amande alors qu'ici la tour de droite est brutalement transformée en bastion triangulaire. Seules, les tours sont percées de canonnières basses et allongées, «à la française».

Tous indiquent que la plate-forme intérieure, commandée en janvier 1592, était encore au XIXe siècle horizontale, ce qui était nécessaire pour

pouvoir y déplacer des canons. Elle aurait dû rester invisible ! Au lieu de cela, Delusse figure une butte arrondie qui lui permet d'y étager une végétation aérienne : buissons pendant par-dessus le parapet du bastion, dominés par un arbre qui fait lien avec le second étage de verdure, sur la tour de droite, tandis que des ruines de mur, entièrement inventées, permettent de justifier les frondaisons élégantes et légères déjà notées.

La forme allongée des canonnières, la couronne de branchage tressée en polygone autour du blason placée au-dessus de la porte d'entrée, conduisent à proposer pour cet ouvrage le dernier tiers du XVe siècle.

Ainsi, la massivité de l'ouvrage bastionné, déjà bas par nature, écrasé de plus par le parti pris d'un point de vue très rapproché qui oblige à une forte contre-plongée, fait disparaître

l'élégance majestueuse des tours de la porte des Champs. L'impression de pesanteur extrême domine et n'est que très partiellement corrigée par la prétention à l'élégance de la végétation.

JM

44 - *Ruine du château de Molières près d'Angers*
1801.

Lavis.
H. 0,193 ; L. 0,318.
Inscription : *deLusse del. Ruine du chateau de moliere près d'angers. 1801.*
Acq. : Achat avec l'aide du Fonds Régional d'Acquisition pour les Musées, 1989.

Châteauneuf-sur-Loire, musée de la Marine de Loire (inv. M 2781 A 78).

Delusse a exceptionnellement délaissé les bords de rivière. Le château de Molières domine néanmoins la Maine mais à quelques distances en aval d'Angers. Situé sur la commune de Beaucouzé, il est presque limitrophe d'Angers et a été aussi reproduit par E. Morel dans ses *Promenades dans Angers et ses environs* en 1872.

Nous nous trouvons une fois de plus en face d'une «ruine» encore impressionnante avec son imposant porche, sorte de châtelet monumental à tourelles circulaires formant habitation qui n'est pas sans rappeler celui du manoir épiscopal d'Eventard près d'Angers. A droite, le château, encadré par des tours et à la toiture à trois lucarnes, paraît modeste à côté de

l'ouvrage d'entrée. Entre les deux, la chapelle est totalement cachée par le lierre qui l'envahit. Cette belle construction du tout début de la Renaissance est bien reproduite, mais à l'époque de Delusse, la grande allée est bordée par une haie où se cachent une jeune fille et son chien, dissimulant le rez-de-chaussée du château.

Le fief de Molières appartenait depuis le XIIe siècle à l'abbaye Saint-Aubin d'Angers. Le château fut construit à partir de 1501 par l'abbé Jean de Tinténiac. Les Tinténiac, originaires de Bretagne, étaient déjà possesseurs en Anjou du manoir du Percher. De même que les évêques, les abbés avaient aussi plusieurs résidences. L'abbé de La Roë, Guy Le Clerc de Goulaine, se faisait construire à la même époque le château de Saint-Ouen à Chemazé, en Mayenne. Les abbés de Saint-Aubin venaient se retirer à Molières l'été et recevaient parfois fastueusement. On y garde encore le souvenir du passage du roi François 1er en 1518. Jean de Tinténiac, après sa démission en faveur de son neveu en 1523, y passa les deux dernières années de sa vie.

Au XIXe siècle, ces «ruines» retrouvèrent vite une destination d'abord de manufacture puis enfin d'habitation, et firent l'objet d'une importante restauration par l'architecte Auguste Bibard dans les années 1860. Delusse nous fournit donc ici un document important d'un état avant travaux qui modifieront en particulier les baies et ajouteront des lucarnes aux tours du château.

FC

45 - *Ruine de l'église de l'Evière*
1807.

Lavis et crayon.
H. 0,188 ; L. 0,288.
Signé et daté : *Par Mr Delusse. Ruine de l'église de l'évière. dessiné d'après nature. 1807.*
Acq. : Achat avec l'aide du Fonds Régional d'Acquisition pour les Musées, 1989.

Châteauneuf-sur-Loire, musée de la Marine de Loire (inv. M 2781 A 53).

L'ancien prieuré bénédictin de Saint-Sauveur ou la Trinité de l'Evière a été fondé vers 1047 par le comte d'Anjou Geoffroy Martel et sa femme Agnès de Bourgogne. Il dépendait de l'abbaye de la Trinité de Vendôme. Les derniers vestiges furent détruits en 1944.

La grande église construite à l'égal de celle de l'abbaye mère subit en 1132 un grand incendie dont elle ne se releva pas. Le chœur ne sera pas reconstruit et la nef, diminuée de ses bas-côtés, fut amoindrie en longueur. Situé extra-muros, le prieuré subit des dégâts importants au cours de la guerre de Cent ans. C'est la reine Yolande d'Aragon qui contribua à sa relative renaissance avec la construction de la chapelle Notre-Dame-sous-Terre située au chevet de l'église, elle-même très ruinée. Delusse s'en est tenu au bâtiment principal. L'image qu'il nous en donne correspond aux restaurations effectuées après 1429. La nouvelle façade est encadrée par deux échauguettes, que l'on retrouve sur une sanguine de l'abbaye Saint-Nicolas dessinée par Delusse. Longeant la façade septentrionale, un bâtiment nommé le magasin correspondait à l'ancienne cave voûtée en berceau surmontée du grenier. Le parvis planté d'ormes à l'époque moderne, dont un seul subsistait alors, était

en partie occupé par le cimetière paroissial qui fut déménagé en 1784. A droite, un mur de clôture avec une grande porte en plein-cintre s'ouvrait sur une allée qui bordait le mur occidental du cloître et permettait d'accéder aux écuries et à la cour du logis du prieur.

Par tous les détails évoqués, la mention «d'après nature» est superflue. Delusse se révèle ici un dessinateur scrupuleux, évoquant l'environnement bâti et dégagé du seul détail architectural qui avait retenu son presque contemporain Roch-Jean Donas.

FC

par Mr Delusle, leviere à angers.

46 - *L'Evière à Angers*

Lavis et crayon.
H. 0,192 ; L. 0,311.
Inscription : *Par Mr. Delusse, Leviere à Angers.*
Acq. : Achat avec l'aide du Fonds Régional d'Acquisition pour les Musées, 1989.

Châteauneuf-sur-Loire, musée de la Marine de Loire (inv. M 2781 A 52).

Sur le coteau de l'Evière, colline à pente douce face au château et dominant la Maine, s'installa au XIe siècle un prieuré bénédictin, encore conservé au début du XIXe siècle. Ce dessin a probablement été réalisé à une date proche de celui de l'église de l'Evière daté de 1807. Il est de toute façon antérieur à 1825, date de démolition de l'église et du cloître. Après le départ des derniers moines à la Révolution, le prieuré devint la propriété du négociant Mamert Coullion dont le fils fut un des donateurs du musée d'Angers. Delusse s'est installé en bordure de Maine sur les prés communs de la Basse-Chaîne en partie envahis par l'eau de la rivière. L'enclos du prieuré avec son grand mur à contreforts refait en 1634 domine le dessin. Sur cette terrasse on voit l'église prieurale prolongée par la chapelle Blanche, à l'origine bras sud du transept de l'église. Dans le prolongement mais moins haut, des bâtiments renferment la salle du chapitre, le réfectoire et les cellules à l'étage. Puis en arrière on distingue à peine le logis prieural qui fut reconstruit ainsi que le cloître et les bâtiments conventuels au tout début du XVIe siècle.

Au fond du jardin situé à droite en contrebas, la maison dite des Belles-Poitrines, habitée en 1810 par un Lachèse, membre d'une dynastie de chirurgiens angevins. Entre les bâtiments du prieuré et le bas mur de clôture avec ses contreforts à glacis, un terrain appartenait alors à Monseigneur Montault. Il sera ensuite construit pour être la résidence d'été des évêques avant de devenir l'actuel évêché. Enfin à gauche, le groupe de maisons autour d'une cour est l'ancienne auberge du Saumon, et caché par le bouquet d'arbres, le logis de l'aumônier du prieuré. Ces dernières constructions sont les seules qui subsistent en partie. Les démolitions du XIXe siècle, les bombardements de 1944 et la récente voie sur berge ont totalement changé l'aspect de ce faubourg.

Delusse a particulièrement bien rendu la topographie faite de terrasses successives avec ses jardins très appréciés sous l'Ancien Régime ainsi que le contraste entre les grands bâtiments du sommet et l'entassement du secteur du port bordant une prairie inondable. C'est l'un des très rares dessins qui évoquent le faubourg depuis la vue de L. de Linclerc et F. Collignon au milieu du XVIIe siècle.

FC

47 - *Angers, les fours à chaux, vue prise de Tivoli*
Vers 1809.

Crayon noir.
H. 0,300 ; L. 0,440
Inscription : *Angers, les fours à chaux, vue prise de Tivoli ; au verso : Dessin de Delusse - commencement du siècle, vers 1809.*
Acq. : don Auguste Michel, 1918.

Angers, musée des Beaux-Arts (inv. AMD 918.30).

Bibl. : Giraud-Labalte, 1976, n° 283.

Ce large panorama en rive gauche de la Maine en amont d'Angers a intéressé Delusse qui lui a consacré également un pastel. Le dessinateur est environ à un kilomètre au nord de la ville, très identifiable avec au fond, les flèches de la cathédrale, la silhouette sombre du château, l'île des Carmes, le pont de la Tannerie et l'église de la Trinité.

Le point de vue est bien celui indiqué par Delusse, soit depuis le cabaret-café à l'enseigne de Tivoli, devenu ensuite un lieu-dit. D'autres cafés du département comme à Saint-Lambert-des-Levée ont également adopté ce nom flatteur très éloigné de l'activité industrielle représentée par deux imposantes tours dont l'une fume et la masse des bâtiments dépendent de ces fours à chaux. Delusse fut le premier en Anjou à représenter ce paysage pré-industriel.

La production de chaux est attestée dans ce quartier depuis l'Antiquité du fait de la présence d'un banc de calcaire cristallin gris bleuté. A proximité existait aussi une carrière de marbre dont la roche extraite était convertie au XIXe siècle en chaux. Ces carrières de la Marbrière et de la Butte des fours à chaux sur le coteau permettaient de charger par le haut les fours à l'aide d'une rampe et s'étendaient sur une surface de plusieurs hectares. Ce calcaire était chauffé grâce à de la houille provenant des mines de Montjean-Chalonnes depuis le XVIIIe siècle. La mise à feu se faisait par la base. Le calcaire sous l'action de la chaleur se décompose et donne une chaux, défournée par l'ouverture inférieure semi-circulaire ou gueule qu'on peut apercevoir sur le dessin. Depuis le XVIIe siècle, cette chaux, en plus des besoins pour la construction, servait également pour amender les terres.

La ville porta un intérêt certain à la production de chaux : elle ouvrit un four en 1592 et fit creuser un canal en 1776 pour acheminer la chaux à la Maine, qui est cachée par une saulaie. Cependant, l'activité des trois fours périclita à la fin du XVIIIe siècle à cause du prix élevé du charbon. Delusse témoigne de la reprise de la production au début du XIXe siècle.

Depuis le XVIe siècle, le moulin cavier des Fours à Chaux, ou de la Chaussée-Bureau, domine les fours. Les prés de l'hôpital longent la levée de la Chaussée-Bureau, mentionnée depuis le XIIIe siècle. Sur la chaussée bordée de contreforts ou de becs, un ponceau enjambe la rivière de la Chaussée qui prend sa source au niveau de la route de Paris. La vue est animée au premier plan par deux femmes allant faire leurs emplettes, l'une avec un panier à pain,

l'autre avec un pot à lait et discutant sur le carrefour, à l'entrée du chemin d'Angers à Ecouflant.

De tout ce paysage, il ne reste plus grand chose. Une rue des Fours-à-Chaux ainsi que la présence d'une partie de la base d'un des fours, inclus dans la centrale béton de la société Point P. Trouillard, en rappellent le souvenir. L'exploitation de ce four reconstruit en 1843 a régressé après la première guerre mondiale et s'arrête définitivement en 1950, entraînant l'abandon des carrières. Quant au moulin, il fut remplacé par une minoterie, les Grands Moulins d'Angers, dernier lieu de production de farine à Angers jusqu'en 1971. A la place des prairies marécageuses s'étend de nos jours le Marché d'Intérêt National du Val de Loire et les entrepôts de sociétés de transport. Le nom de Tivoli est totalement oublié à Angers et paraîtrait incongru dans ce quartier maintenant dominé par des activités commerciales.

FC

48 - *Maison attenante à la chapelle des Saints de la Barre*
1813.

Lavis.
H. 0,163 ; L. 0,255.
Daté : *19.7bre.1813.*
Inscription : *Delusse del. (Batie en 1645) Maison attenante a la chapelle dite des SSts de La Barre 1/2 lieue d'angers.*
Acq. : Achat avec l'aide du Fonds Régional d'Acquisition pour les Musées, 1989.

Châteauneuf-sur-Loire, musée de la Marine de Loire (inv. M 2781 A 77).

Le domaine de la Barre, en limite occidentale de la commune d'Angers, est attesté dès le XIIIe siècle comme relevant de l'abbaye Saint-Nicolas, et était affecté à l'aumônier de la communauté monastique. La demeure fit l'objet d'une reconstruction en 1642 (et non 1645 comme indiqué sous le dessin) pour le compte de Jacques de Goubis, docteur en théologie, prieur claustral et aumônier de Saint-Nicolas : c'est cette maison de plaisance, demeure aux champs à proximité immédiate d'Angers, qui est représentée sur le dessin de Jean-Jacques Delusse, côté jardin, avec à gauche des bâtiments de dépendance. C'était, d'après le marché de maçonnerie conservé, une construction en moellon de schiste très simple d'environ treize mètres de longueur, couverte en pavillon, sobrement ornée de chaînages en bossages, et composée au rez-de-chaussée d'une salle et d'une «antisalle», et à l'étage de deux chambres. Plusieurs

portes ouvraient largement sur la cour comme sur le verger. Péan de la Tuillerie, curé angevin du temps de Louis XVI, nous confirme dans sa *Description de la ville d'Angers* le caractère bucolique et intime des lieux : «Cette maison, située à quelque distance de l'abbaye Saint-Nicolas, à qui elle appartient, est fort jolie. La vue en est charmante ; elle s'étend de tous côtés sur Angers, sur la rivière et sur les campagnes des environs, qui forment une perspective des plus agréables. Le jardin est artistement coupé et forme différentes allées pour s'y promener».

A droite sur le dessin, est figurée la chapelle de la Barre qui fut construite pour le même Jacques de Goubis quinze ans plus tard par l'architecte Michel Le Manceau. L'extérieur est d'une simplicité constructive comparable à la maison avec laquelle elle semble faire contrepoint. L'intérieur s'orne par contre d'un remarquable retable qui fait la célébrité du domaine et dont le titre de Delusse porte témoignage. Occupant tout le fond du chœur, il se compose au devant d'une architecture à l'antique, de cinq grandes statues en terre cuite polychrome dites autrefois les "*Saints de la Barre*" - une Vierge à l'Enfant entourée de deux anges portant des instruments de la Passion et de part et d'autre Saint-Jean et Saint-Jacques : œuvre du grand sculpteur angevin Pierre Biardeau. Il est d'une richesse et d'une qualité qui étonnent en ces lieux modestes, d'autant qu'il affirme une stylistique baroque très au fait des modes parisiennes du début du règne de Louis XIV, totalement inconnues en Anjou.

Le dessin est à la fois très précis dans sa représentation des bâtiments, mais avec quelques inexactitudes dans les proportions, les hauteurs de maçonneries étant exagérées relativement aux longueurs. Surtout, comme souvent chez Delusse et très fidèle en cela à l'art du paysage historique qui lui est contemporain, les éléments constitutifs de l'œuvre sont recomposés, l'aspect esthétique étant privilégié au détriment de la réalité topographique : ainsi donne-t-il de l'air entre les deux points forts, la maison et la chapelle, alors que, vu l'angle adopté, ils devraient se toucher.

La propriété n'évolua guère jusqu'à la fin du XIXe siècle. En 1895, l'architecte angevin Alexandre Perdreau réalisa d'importantes extensions qui transformèrent la simple demeure en un véritable château, mais en laissant telles

quelles les constructions de Jacques de Goubis. Par contre, les bombardements d'août 1944, au moment de la libération de la ville, anéantirent les lieux, à l'exception notable de la chapelle, miraculeusement intacte.

OB

49 - *L'entrée de l'abbaye du Perray, près d'Angers*
1819.

Lavis.
H. 0,210 ; L. 0,330.
Signé et daté, au verso : *dessiné sur lieu en 1819 par J.J. Delusse.*
Inscription : *Environ d'angers le Peret reste d'un monastère de Bénédictins ou Génovéfains. 1 lieue 1 quart de la ville.*
Acq. : Achat avec l'aide du Fonds Régional d'Acquisition pour les Musées, 1989.

Châteauneuf-sur-Loire, musée de la Marine de Loire (inv. M 27812 A 74).

Pour une fois, Delusse s'est éloigné de la Loire et de la Maine. Poursuivant sa promenade au-delà des fours à chaux le long de la Sarthe et en direction d'Ecouflant, il a dû remonter après le pont aux filles vers l'ancienne abbaye Notre-Dame-du-Perray-aux-nonnains. Cette abbaye était située à environ 6 km d'Angers, soit une distance proche de la lieue un quart qu'il a précisée.

Le dessin fut effectué le long du mur d'enclos bordé par les bâtiments des communs s'ouvrant par une grande porte classique. Cet ensemble est resté dans un état assez proche de celui représenté en 1819. Comme dans son dessin du château de Molières, la porte domine l'ensemble bâti, mais il en a accentué la monumentalité car elle est plus étroite. Ses

vantaux avaient déjà disparu, seul le linteau de bois demeure.

Cette porte donnait accès à la cour principale de l'abbaye qui n'était ni bénédictine ni génovéfaine, comme l'indique Delusse dont l'information historique et religieuse semble très limitée. Fondée vers 1190 par le seigneur de Briollay pour des moines, le Perray connaît en 1246 une situation difficile : lourdes dettes, absence de l'abbé et communauté réduite à trois religieux. En 1248, les moniales cisterciennes sont substituées aux moines bénédictins et furent placées sous l'autorité de l'abbé cistercien du Loroux. Cette unique abbaye cistercienne de femmes du diocèse subsista jusqu'à la Révolution. Elle fut à l'origine de la fondation du monastère de cisterciennes réformées de Sainte-Catherine d'Angers, sur l'actuelle place de l'Académie.

Quand Delusse vient au Perray, l'église et la plupart des bâtiments conventuels avaient fait place à une grande maison que l'on ne voit pas. A côté de la petite maison de jardinier jouxtant la porte, d'autres bâtiments furent construits comme la maison au premier plan. La seconde porte en arrière surmontée de corbeilles de fleurs (?) donne accès à d'autres dépendances. Au fond, une grande allée, aujourd'hui plantée de marronniers, descend en direction de l'ancien chemin d'Angers à Villevêque par où est sans doute venu Delusse. A droite, un banc de bois très rustique a été aujourd'hui remplacé par d'autres bancs curieusement encore au même emplacement. Comme toujours chez Delusse, les

scènes de campagne sont plus animées que les scènes urbaines. Au devant d'une haie, une femme avec son chien se retrouve aussi sur la vue du château de Molières. Cette fileuse de laine est ici accompagnée d'un petit garçon jouant avec un oiseau au bout d'une cordelette. Malgré la date de réalisation, ce lavis s'apparente beaucoup plus à l'art du siècle précédent amateur de bergères et de ruines.

FC

50 - *Angers, vue de Saint-Serge, prise de la Haute-Chaîne*
1820.

Crayon.
H. 0,220 ; L. 0,375.

Inscription : *par Melle Virginie Delusse en 1820. Vue de St. Serge, prise de la haute chaine.*
Acq. : Achat avec l'aide du Fonds Régional d'Acquisition pour les Musées, 1989.

Châteauneuf-sur-Loire, musée de la Marine de Loire (inv. M 2781 A 31).

Ce dessin est dû à la fille de l'artiste, Virginie, dont le trait est moins précis que celui de son père mais l'inspiration est un peu la même. Les fortifications de la Haute-Chaîne sont reprises une fois de plus mais avec un point de vue différent qui s'ouvre largement vers la rive gauche. Virginie Delusse, tout comme Prosper Mérimée dans ses *Notes d'un voyage dans l'ouest de la France* (1836), ne s'attarde pas sur la «tour sur le bord de la rivière en amont de la ville et quelques pans de murailles, ... tout ce qui reste des fortifications d'Angers». L'aspect de l'enceinte est beaucoup moins imposant que sur les dessins de son père. Les brèches sont plus marquées en parti-

culier au-dessus d'une porte qui n'a été ouverte qu'en 1777 sur les terrains de l'hôtel-Dieu pour «laisser passer seulement un cheval chargé». Une levée dite turcie des Capucins fut aménagée. Elle enjambait la douve avec un accès par un escalier. Une pêcherie avait été aménagée dans ce fossé en 1623 par le concierge de la Haute-Chaîne. Une maison à cheval sur la courtine contre la tour de la Haute-Chaîne marque l'abandon du mur. Le boulevard quant à lui avait été concédé en 1663 par la Ville à l'hôpital Saint-Jean pour y installer un moulin. Cependant la tour n'est pas encore remblayée et sa base très large baigne directement dans la rivière.

Dominant la prairie en grande partie inondée, apparaît l'abbaye Saint-Serge fondée au nord de la ville au VIIe siècle. A gauche la tour des cloches du XIe siècle et la nef du XVe siècle avec son porche, aujourd'hui détruit. A droite le grand bâtiment conventuel reconstruit par les mauristes entre 1694 et 1726. Le plan centré autour d'un cloître est abandonné au profit d'un unique bâtiment qui abrite la sacristie, la salle du chapitre, le réfectoire, la cuisine et les cellules aux étages. Ce grand bâtiment classique avec ses deux avant-corps encadré par les masses sombres des constructions médiévales de l'église et de l'enceinte est particulièrement bien mis en valeur. Mais il n'est pas tout à fait exact quant au nombre de baies et l'absence du lanternon central. Depuis 1808, l'abbaye était alors occupée par le grand séminaire.

Entre l'abbaye et la tour, les moulins sur la butte sont ceux de Pierre-Lise.

Quant au bateau chargé, s'agit-il du bac qui effectue depuis 1774 la traversée avant l'installation du pont en 1839 ?

FC

51 - *Vue des environs de la turcie dite des Capucins*

Lavis.
H. 0,170 ; L. 0,221.
Inscription : *Delusse del. Vue des environs de la turcie dite des Capucins près l'hopital a angers.*
Acq. : Achat avec l'aide du Fonds Régional d'Acquisition pour les Musées, 1989.

Châteauneuf-sur-Loire, musée de la Marine de Loire (inv. M 2781 A 76).

52 - *Vue des environs de la turcie près de Reculée à Angers*
1820.

Plume et lavis.
H. 0,280 ; L. 0,345.
Signé et daté : *Delusse del. 1820.*
Inscription, en bas au centre : *vue des environs de la turcie près de reculée à angers.*
Acq. : Legs Auguste Michel, 1918.

Angers, musée des Beaux-Arts (inv. AMD 873.2, récol. 918.144).

Œuvre en rapport. : lithographie chez E. Barassé publiée par Aimé de Soland, *Bulletin historique et monumental de l'Anjou*, 1868-1869, p. 65. Un exemplaire est conservé aux musées d'Angers (inv. MA 918.626).

Bibl. : Guéry, 1913, p. 107 ; Giraud-Labalte, 1976, n° 299 ; cat. exp. 1991, Châteauneuf-sur-Loire, notice p. 22 ; Giraud-Labalte, 1996, p. 192, repr. fig. p. 75.

La première de ces vues est non datée mais elle est sûrement contemporaine de la seconde réalisée en 1820. Elles figurent toutes deux une partie des fortifications bordant la Maine en amont. L'une réalisée depuis l'intra-muros va de la tour au bastion et l'autre extra-muros englobe le boulevard de la Haute-Chaîne. Ce dernier point de vue est repris dans la «vue de Saint-Serge depuis la Haute-Chaîne» datée de 1820. Nous disposons ainsi de trois vues de fortifications urbaines qui ont dans l'ensemble peu intéressé les artistes, hormis les murs en bordure de rivière. C.-A. Stodhart en 1820 et

W. Turner en 1826 avaient réalisé des dessins de la Basse-Chaîne. I. Dagnan en 1829, P. Hawke en 1837 et J.-A. Berthe vers 1838 vont quant à eux dessiner la Haute-Chaîne. Alors que le patrimoine religieux semble être de mieux en mieux pris en compte, les fortifications urbaines en dehors des châteaux ne suscitent pas encore l'attention. L'un des premiers «antiquaires» angevins du XIXe siècle, Jean-François Bodin, allait dans le sens des édiles quand il écrivait en 1823 que «la vieille et noire muraille d'enceinte, ses tours et ses créneaux en ruine offusquaient surtout les regards des voyageurs». Il est vrai qu'à une époque où le château d'Angers sert encore de prison départementale, ces tours pouvaient sembler avoir un aspect carcéral.

Delusse trouve un intérêt particulier à ces fortifications dont la tour circulaire de la Haute-Chaîne, encore visible aujourd'hui, est l'un des derniers vestiges qui n'a été protégé au titre des monuments historiques qu'en 1927.

L'enceinte urbaine, construite sous saint Louis en même temps que le château, s'étendait de part et d'autre de la Maine. Après plusieurs adaptations à l'artillerie aux XVe et XVIe siècles, elle subsistera jusqu'au début du XIXe siècle. Une partie néanmoins avait été démantelée aux XVIIe et XVIIIe siècles, le secteur de Boisnet et les portes. Par décret du 25 janvier 1807 l'empereur Napoléon concède à la ville les murs dont les destructions se feront très lentement en particulier dans la Doutre. Notre tour est mentionnée au début du XVe siècle sous le nom de «tour de la Chaisne devers Reculée... [ou] grosse tour de la Haulte Chaisne» dans les comptes de la cloison de 1415. De par son allure massive et son couronnement de mâchicoulis, on pensait y reconnaître un ouvrage du XVe siècle. Mais il pourrait s'agir seulement des réfections de la fin du Moyen Age. Quoi qu'il en soit, elle protégeait l'accès en amont de la ville par la rivière. Une chaîne pouvait être tendue à partir de notre tour vers un îlot sur la Maine d'où son nom de Haute-Chaîne. Lors de la construction du pont de la Haute-Chaîne en 1839 elle va échapper à la destruction. Elle sera appelée improprement par la suite tour Salvert puis tour des Anglais, nom en usage de nos jours. Actuellement elle

est totalement isolée, remblayée et complètement coupée de la rivière. On a restauré un toit que montraient bien les vues du XVIe siècle.

Un bastion en mitre est au premier plan de la vue conservée aux musées d'Angers. Il est mentionné en 1443 dans les comptes de la cloison sous le nom de «boulevard devers la grosse tour de Reculée». Des travaux y sont entrepris à partir de 1445 et il est dit «de présent à neuf» en 1447. Une inscription relevée au XVIIe siècle l'atteste achevée en 1448. En 1454 on parle même de «boulevard neuf de la Haute Chesne». Il possède une meurtrière à base circulaire montrant son adaptation à l'artillerie.

Un accès à travers l'enceinte en direction du village de pêcheurs de Reculée fut aménagé au XVIIIe siècle et entraîna la construction de la turcie des Capucins en contrebas du couvent de cet ordre où s'installera l'actuel Centre Hospitalier Régional et Universitaire. J.-A. Berthe croyait que cette porte datait seulement de la Révolution.

L'arrière-plan de ces deux vues est très limité. Sur celle intra-muros on aperçoit la grande masse d'un des moulins du Rocher à la Chalouère. A l'origine moulin-chandelier puis moulin-tour comme nous le figure Delusse. Sur l'autre vue extra-muros on aperçoit de grands bâtiments sur le port de Boisnet.

FC

53 - *Angers*
Tour Saint-Aubin
vue depuis les ruines
de l'église abbatiale
Vers 1820.

Plume et lavis d'encre noir.
H. 0,300 ; L. 0,215.
Hist. : Legs Auguste Michel, 1918.

Angers, musée des Beaux-Arts (inv. AMD 881.4, récol. 918.276)

Bibl. : Giraud-Labalte, 1976, n° 383.

Un dessin par Félix Benoist, vers 1840, recopie ce dessin de Delusse jusque dans la représentation du soldat, à l'entrée du chœur, mais avec un cadrage plus serré et plus de végétation (musées d'Angers, inv. MBA 76.33.32).

La tour des cloches de l'abbaye bénédictine Saint-Aubin d'Angers fut un motif apprécié des dessinateurs et photographes tout au long du XIXe siècle. Sa masse imposante de cinquante-quatre mètres de hauteur, sa situation isolée - elle n'a jamais fait partie de l'église abbatiale même - en faisait et en fait toujours un signal remarquablement présent dans la ville, à l'image d'un beffroi : sa fonction était d'ailleurs d'abriter les grosses cloches de l'abbaye, au nombre de quatre, les autres, plus modestes, se trouvant dans le clocher de croisée de transept de l'église aujourd'hui disparue. Cette tour, qui ne manque pas d'évoquer un donjon, pouvait, le cas échéant, servir de lieu de refuge - un puits existe encore dans la salle basse. Comme elle avait servi au XVIIIe siècle pour l'établissement de la carte de Cassini, la tour retrouva au début du siècle suivant une vocation géodésique avec l'établissement du cadastre, avant d'être utilisée comme tour à fabriquer des plombs de chasse, activité industrielle quelque peu inattendue, mais qui la sauva de la destruction.

Le petit dessin de Delusse la représente depuis l'Est, depuis les ruines du chœur de l'église abbatiale, les derniers vestiges subsistant de ce vaste édifice de près de cent mètres qui disparut dans le premier quart du XIXe siècle. Des constructions relevant de l'abbaye sont encore visibles au pied de la tour, qui seront emportées par le percement de la rue des Lices sous Charles X. Ce qui permet de dater le dessin de la fin de l'Empire ou du début de la Restauration, l'église ayant déjà alors largement laissé place à un grand espace vide destiné à devenir le mail de la préfecture, cette dernière s'étant installée, ainsi que le conseil général, dans les bâtiments conventuels largement remaniés de l'abbaye. D'où la présence de ce soldat chargé de la garde de ces institutions, bien en évidence sur le dessin.

L'abbaye Saint-Aubin d'Angers est le plus ancien des cinq monastères que compta la ville - elle remonte au VIe siècle, abritant le tombeau d'un des premiers évêques de la cité – et fut toujours le plus important et le plus prestigieux. Son apogée fut atteint au XIIe siècle quand les revenus de l'abbaye permirent de reconstruire un vaste ensemble monastique en même temps que se développait une vie intellectuelle féconde autour de son scriptorium. La tour Saint-Aubin, datant de la seconde moitié de ce siècle, constitue indéniablement le symbole visuel de cette puissance tout à la fois spirituelle et temporelle.

Elle est constituée de trois salles superposées aux murs particulièrement épais et aveugles sur toute la partie basse, fortement épaulés par de puissants contreforts : sa structure est d'abord conçue pour résister au balancement de ses grosses cloches. Sa solidité n'empêcha pas néanmoins une recherche d'élégance avec l'allègement du dernier étage passant à un plan octogonal et cantonné de quatre clochetons élancés, également octogonaux. De même, les multiples ressauts des ébrasements et des voussures des baies tempèrent la massivité première de l'ouvrage. A l'origine prévue pour être couverte d'une flèche de pierre comme les clochetons d'angle, la tour ne reçut qu'une couverture de charpenterie couronnée ultérieurement d'un lanternon (au XVe siècle, aménagé à des fins de surveillance) ; disparu en 1823, peu de temps après ce dessin, ce dernier ne fut pas rétabli lors de la vigoureuse restauration intervenue au début du XXe siècle.

OB

54 - *Etude d'une maisonnette d'après nature chemin de la Baumette près d'Angers*

Lavis.
H. 0,218 ; L. 0,353.
Inscription : *Delusse. étude d'une maisonnette d'après nature chemin de la Beaumette (sic) près d'angers.*
Acq. : Achat avec l'aide du Fonds Régional d'Acquisition pour les Musées, 1989.

Châteauneuf-sur-Loire, musée de la Marine de Loire (inv. M 2781 A 24).

55 - *Vue ou environs de la Baumette au bas des Champs de Saint-Martin près d'Angers*
1820.

Lavis.
H. 0,237 ; L. 0,357.
Inscription : *Dessiné sur lieu par J.J. Delusse 1820. Vüe ou Environs de la Bamette (sic) au bas des champs de St Martin près d'angers.*
Acq. : Achat avec l'aide du Fonds Régional d'Acquisition pour les Musées, 1989.

Châteauneuf-sur-Loire, musée de la Marine de Loire (inv. M 2781 A 23).

56 - *Vue des rochers du long de la promenade de la Baumette*
1823.

Lavis.
H. 0,222 ; L. 0,325.
Inscription : *Mr Delusse del. 1823. Vue des rochers du long de la promenade de la Bamette (sic), près d'angers. Croquis d'après nature.*
Acq. : Achat avec l'aide du Fonds Régional d'Acquisition pour les Musées, 1989.

Châteauneuf-sur-Loire, musée de la Marine de Loire (inv. M 2781 A 64).

Les bords de la Maine, autour du site de la Baumette, retinrent l'intérêt de Delusse, à plusieurs années d'intervalle ; s'il ne dessina pas, curieusement, le couvent de la Baumette lui-même, pourtant si propre à tenter les artistes, il alterna les motifs aux environs immédiats, large panorama bucolique et animé comme vue rapprochée d'un bâtiment pittoresque. Les deux dessins avec des architectures représentent des lieux localisables sans grand risque d'erreur, le long du chemin de la Baumette, route qui relie le couvent à la ville d'Angers trois kilomètres plus au nord, le long de la Maine, mais séparée par des prairies inondables. Le paysage a beaucoup évolué depuis l'époque de Delusse, avec l'expansion de la ville, faisant disparaître la campagne et la plupart des écarts, dont tous ceux figurés par notre dessinateur.

La *Vue ou environs de la Bamette (sic) au bas des champs de Saint-Martin...* évoque un site à mi-chemin entre le couvent et la ville d'Angers dont on aperçoit en fond les silhouettes du château, de la cathédrale et de la tour de l'abbaye Saint-Aubin. On y distingue trois propriétés, la maison de Pontron au premier plan, du nom de l'abbaye cistercienne du même nom qui acquit le domaine à la fin du XVIe siècle, et la Grande et la Petite Musse, l'une et l'autre encloses de murs, qui appartenaient respectivement aux chapitres de Saint-Pierre et de la cathédrale Saint-Maurice d'Angers. Un beau pavillon couvert à l'impériale marquait l'angle du mur de clôture, renforcé de contreforts, de la Grande Musse. Ces renforts de maçonnerie s'expliquaient par la proximité de terrains peu stables, inondables, comme on l'observe précisément sur ce dessin, où une rangée d'arbres au second plan baigne dans la Maine en crue. Mais l'observation remarquablement précise n'empêche pas pour autant la note de fantaisie avec ces canards, vivement attirés par l'activité d'un dessinateur, dont on imagine bien qu'il puisse être Delusse lui-même.

Le second dessin avec architecture, *l'étude d'une maisonnette...*, figure selon toute vraisemblance la closerie de Beaurepaire, attestée depuis le XVIIe siècle et située autrefois à quelque six cents mètres en amont du rocher de la Baumette : elle est identifiable sur le cadastre ancien grâce à ses contreforts qui lui conféraient l'essentiel de son cachet.

Le troisième dessin, *Vue des rochers du long de la promenade de la Baumette... (sic)*, est par contre problématique quant à son identification, malgré l'annotation «croquis d'après nature». Il n'existe en effet qu'un seul endroit où il y ait un escarpement rocheux, qui plus est à proximité de la Maine, visible à gauche sur le dessin, et le long du chemin de la Baumette. Mais ce lieu n'est autre que le couvent lui-même, fort différent de ce que Delusse a figuré, car les maçonneries du monastère font corps avec les rochers, sous forme de murs de soutènement et de contreforts. Or rien de tel ici, où la nature apparaît totalement sauvage, avec de la végétation au sommet des roches, à la place des murs de schiste. Par ailleurs, la première architecture visible de la Baumette n'était autre que la closerie de Beaurepaire, qui d'après son propre dessin, n'avait pas la même apparence. D'autre part, la Maine, immédiatement au nord du promontoire, présente un tracé rectiligne, fort éloigné de la courbure prononcée

observable ici. Encore une fois, en dépit de la précision «d'après nature», il semble que ce soit un paysage très composé que nous offre Delusse, par ailleurs si fin observateur, avec scène champêtre animée et architectures traitées comme des fabriques, d'un esprit encore XVIIIe siècle.

OB

57 - *Vue de la pointe de Reculée prise au-dessous des fours à chaux*
1829.

Lavis.
H. 0,209 ; L. 0,321.
Inscription : *De Lusse del 1829. Vue de la pointe de Reculé prise au dessaus (sic) des fourneaux a Chaux près d'angers.*

Acq. : Achat avec l'aide du Fonds Régional d'Acquisition pour les Musées, 1989.

Châteauneuf-sur-Loire, musée de la Marine de Loire (inv. M 2781 A 36).

Depuis la rive gauche de la Maine, Delusse nous représente la confluence de la Mayenne et de la Sarthe, donc très au-delà du faubourg de Reculée mentionné. Cette vue est probablement située un peu au-delà du lieu-dit des Fours à Chaux, à peu de distance de l'ancienne ferme de la Chaussée. Sur le coteau on aperçoit quelques maisons dont l'une domine, c'est sans doute Machifrotte (ou celle de la Charnasserie). Trois bateaux descendent la Maine et d'autres semblent échoués le long de l'île Saint-Aubin qui est complètement fondue avec le coteau d'Avrillé. Dans le lointain, le château de la Perrière se dessine ainsi que les moulins de la Garde à Avrillé. La grande prairie inondable (prés des Fourneaux et de la Petite Lande) est bordée par le bas chemin d'Angers à Ecouflant qui est fréquenté par une charrette, des voyageurs à cheval, à pied, des chiens... Lieu de circulation praticable seulement à certaines saisons.

Une vue large et peu fréquente de cette partie nord d'Angers au paysage peu bâti avec des monuments à peine saillants à l'horizon. On est d'autant plus surpris de la circulation importante tant sur la rivière que sur la rive.

FC

58 - *Le logis Barrault*

1830.

Lavis d'encre noire et rehauts de blanc sur papier.
H. 0,290 ; L. 0,230.
Signé et daté, en bas à gauche : *Delusse delt 1830.*
Inscription : *L'intérieur de la maison ditte logis Bareau à Angers.*
Acq. : Legs Auguste Michel, 1918.

Angers, musée des Beaux-Arts (inv. AMD 713.1).

Bibl. : Giraud-Labalte, 1976, n° 457 ; cat. exp. 1991, Châteauneuf-sur-Loire, notice p. 22.

Le logis Barrault fut construit par Olivier Barrault entre 1488 et 1495. Il est alors «la plus belle et la plus magnifique demeure de la ville». Au milieu du XVIe siècle, la famille, ruinée, doit progressivement s'en séparer. Par la suite, il devient logis des gouverneurs de la Province.

En 1673, il est vendu par ses nouveaux propriétaires au directeur du séminaire d'Angers. Pendant une brève période, de 1694 à 1696, il sert d'évêché.

En 1790, les biens du clergé sont confisqués. Le grand séminaire sert d'abord de prison, puis il devient annexe de l'Ecole centrale du Département.

En 1793, Gabriel Eléonor Merlet de la Boulaye, conservateur des bibliothèques, collections botaniques, d'histoire naturelle et monuments des arts, y rassemble les objets et œuvres confisqués au clergé et à la noblesse.

Les premiers envois d'œuvres d'art sont effectués les 16 février 1798 et 3

février 1799. Le musée de Peinture et de Sculpture ouvre en 1801. Deusse prit ses fonctions de conservateur en 1804. Il y habite. Il côtoyait Toussaint Grille qui était chargé de la bibliothèque et logeait également au logis Barrault.

On discerne, autour de la tour d'escalier, le petit logis à gauche et le grand logis à droite. Le petit logis est moins enterré qu'actuellement. Sa structure générale est proche de celle que nous connaissons, rez-de-chaussée et premier étage faisant partie du logis Barrault proprement dit, et sa surélé-

vation du XVIIe siècle lors de l'aménagement du grand séminaire. Toutefois, on discerne des différences dans les détails pour l'aile de gauche, par exemple les meneaux et traverses des fenêtres du rez-de-chaussée n'existaient pas, ni les allèges sous les fenêtres du premier étage, et la grande verrière n'est pas encore construite. Par contre, sur la toiture, deux cheminées existent encore. De plus, les fenêtres du deuxième étage, dans l'aile à droite, sont ouvertes, la grande galerie de peinture n'étant pas encore aménagée.

PLN

6 – LES RUINES
DE L'HISTOIRE

Cat. 61 - *Détail des ruines de Saint-Florent-le-Vieil.*

59 - *L'église Sainte-Maurille aux Ponts-de-Cé*
1823.

Lavis.

H. 0,220 ; L. 0,337.

Signé et daté : *Dessiné sur lieu par Delusse 1823.*

Inscription en bas et au centre, à l'encre brune : *Vue de St Maurille es pont de Cé près la Loire.*

Acq. : Achat avec l'aide du Fonds Régional d'Acquisition pour les Musées, 1989.

Châteauneuf-sur-Loire, musée de la Marine de Loire (inv. M 2781 A 8)

Exp. : 1991, Châteauneuf-sur-Loire, notice p. 23.

Delusse propose quatre versions du site des Ponts-de-Cé. En 1823, il choi-

sit de se placer dans la grande île plantée d'arbres et de prés, entre la Loire et le Louet. Depuis l'une des prairies, l'artiste dessine l'église de Saint-Maurille et le bourg légèrement surélevés.

L'église paroissiale de Saint-Maurille et le village bâtis au sud de la chaussée des Ponts-de-Cé, abritent une population très modeste, qui vit de la pêche, de l'agriculture et du travail dans les carrières d'ardoise de la rive gauche de la rivière.

Le peintre offre une image bucolique des lieux ; elle semble effacer le souvenir des événements dramatiques survenus une trentaine d'années plus tôt. L'insurrection vendéenne et la répression républicaine s'affrontent à

partir de 1793, prenant en otage la population civile des deux paroisses Saint-Maurille et Saint-Aubin, à laquelle sont venus se joindre de nombreux réfugiés fuyant les campagnes du sud de la Loire.

Tour à tour occupée par «la Grande Armée» aux prises avec des incursions continuelles des «bleus», sans cesse pillée maison après maison par des troupes de toute sorte le plus souvent sans vivres, Saint-Maurille, d'esprit vendéen souffre plus que Saint-Aubin de tendance républicaine. Tous les bateaux de pêcheurs et de voituriers sont déplacés rive droite et jusque sur la Maine, les moulins suspendus du Louet et de la Loire détruits, les arbres et les prairies ravagés. La répression est terrible : un système de délation se met en place rapidement, il frappe surtout les femmes. Durant l'hiver 1793, les détenus de la prison d'Angers sont évacués et conduits en chaîne jusqu'au château des Ponts-de-Cé devant lequel on élève la guillotine. L'église de Saint-Maurille sert de halte aux prisonniers avant les fusillades et les massacres, et le fleuve devient leur sépulture.

Les malheurs de Saint-Maurille durent jusqu'en février 1794 ; la population, du moins ce qu'il en reste, ne rentre dans les foyers dévastés que bien après les mesures de pacification de l'hiver suivant.

MD

60 - *Saint-Florent*

1809.

Lavis.
H. 0,230 ; L. 0,320.
Signé : *dessiné sur lieu par Mr Delusse.*
Inscription, en bas et au centre, à l'encre brune : *Vue d'une partie de la ville ou bourg de St florent dit le Vieux, sur la Loire, prise dans l'isle de Buzé, allant d'angers a Nantes en 1809.*
Acq. : Achat avec l'aide du Fonds Régional d'Acquisition pour les Musées, 1989.

Châteauneuf-sur-Loire, musée de la Marine de Loire (inv. M 2781 A 33).

Exp. : 1991, Châteauneuf-sur-Loire, notice p. 25.

61 - *Eglise de Saint-Florent*

1810.

Lavis d'encre noire sur préparation au crayon. Papier filigrané.
H. 0,253 ; L. 0,368.
Dans la marge, en bas et à gauche, à l'encre brune : *dessiné par J.J. Delusse en 1810* ; au centre : *Vue d'une portion ruinée de la ville de Saint-Florent sur Loire, allant d'Angers à Nantes* ; et à la suite, à l'encre noire : *Laglieur (?) d'Angers.*
Acq. : Ancienne collection David d'Angers ; don Hélène Leferme, 1906.

Angers, musée des Beaux-Arts (inv. MBA 364.40.7).

Œuvre en rapport : en 1906, une lithographie a été tirée de ce dessin par P. Lachèse, Paul Belleuvre et Dolbeau (Angers, musée des Beaux-Arts, inv. AMD 417).
Bibliographie : Jouin, 1908, n° 7, p. 375 ; cat. exp. 1991, Châteauneuf-sur-Loire, notice p. 22 ; Lesschaeve, 1996, n° 240.

La paix est revenue en Anjou et en Vendée lorsqu'en 1809, le professeur de dessin et conservateur du Museum installe son chevalet à Saint-Florent, au

large de la rive gauche de la Loire, dans l'île du Buzet.

Quinze ans se sont écoulés depuis l'incendie du bourg, de l'abbaye et des maisons du port par les Républicains en juin 1794. Neuf mois auparavant, sur ce même lieu, la Loire étant exceptionnellement basse, l'armée vendéenne venue de Cholet arrive à Saint-Florent. Elle fuit les troupes de la République commandée par Kléber. Une «armée en sabots de laboureurs, de tisserands et de journaliers», un exode de paysans avec les femmes, les enfants, les vieillards qui fuient les pillages et l'incendie de leurs villages. Pour les sauver, ... passer la Loire. Ils portent un brancard, ils y ont déposé leur chef mortellement blessé, Charles de Bonchamps.

Après le désastre de Cholet, l'armée vendéenne avait réussi à capturer cinq mille soldats républicains qu'elle pousse devant elle. Arrivée à Saint-Florent : on enferme les bleus dans l'abbaye, on braque les canons sur les portes ; la foule hurle à mort. Parmi les prisonniers se trouve un grand gaillard, sculpteur sur bois de son état, patriote angevin et farouche républicain ; il s'est engagé, emmenant son jeune fils avec lui. Il se nomme Pierre-Louis David.

L'ordre arrive : «Grâce aux prisonniers, je le veux, je l'ordonne» (Charles de Bonchamps). Ce seront presque ses dernières paroles. Sur le port de la Meilleraie, il meurt. Les fidèles l'enterrent au cimetière de Varades, rive droite.

Pierre-Louis David et ses compagnons, soldats de la République, seront sauvés.

Pour cette raison, Saint-Florent-le-Vieil eut toujours une place particulière dans les souvenirs de David d'Angers. Ces deux vues, l'une de 1809, l'autre de 1810, montrant Saint-Florent-le-Vieil en descendant la Loire d'Angers vers Nantes, sont assez semblables : comme indiqué sur le dessin de Châteauneuf-sur-Loire, elles sont prises de l'île du Buzet, qui se trouve face au vieux bourg, en amont de l'île Batailleuse. Le village s'étage en hauteur du quai de l'embarcadère, à l'ancien Mont-Glonne. Dans l'un et l'autre dessins, les monuments sont représentés dans le même état.

Tout d'abord, au premier plan, derrière le quai : les ruines du grenier à sel, plus haut l'église Saint-Pierre, sans toiture depuis l'incendie de 1794, puis l'abbaye des Bénédictins sur son promontoire qui domine le fleuve. Son chevet au fond plat et fenêtres ogi-vales est caractéristique. Les bâtiments conventuels à gauche sont en ruines. De même, la tour octogonale du clocher XVIIIe siècle est décapitée. Autour de ces édifices, de nombreuses maisons, dont plusieurs en ruines. Ces deux rapides croquis évoquent les dévastations de la période révolutionnaire.

Dans la vue de 1809, sur la rive gauche, deux personnages sont croqués, une femme debout, et un homme assis qui pêche. Plusieurs gabares descendent la Loire, dont une à gauche avec sa voile fait route à vent arrière, et une autre, au plus faible tonnage, au centre, sans voile.

Dans celle de 1810, une gabare au premier plan, voile affalée et vergue ramenée, et un bac, vogue au milieu du fleuve.

MD et PLN

62 - *Eglise de Saint-Florent*
1815.

Lavis
H. 0,230 ; L. 0,324.
Signé et daté, en bas à gauche : *Dessiné par J.J. Delusse 1815.*
Inscription, en bas et au centre, à l'encre brune : *Vue de la Ville St Florent sur la Loire (7 lieues d'angers).*
Acq. : Achat avec l'aide du Fonds Régional d'Acquisition pour les Musées, 1989.

Châteauneuf-sur-Loire, musée de la Marine de Loire (inv. M 2781 A 45).

Exp. : 1991, Châteauneuf-sur-Loire, notice p. 26.

63 - *Eglise de Saint-Florent*
Vers 1825.

Dessin au fusain rehaussé à l'encre noire.
H. 0,296 ; L. 0,397.
Dans la marge, en bas et vers la droite, au crayon : *Cette église est celle où étaient enfermés les prisonniers. La colonne est construite d'après Jean (?).*
Annotation dans la marge, à droite, le long de la colonne, en bas : *15 pieds* ; au milieu : *5 pieds.*
Acq. : Ancienne collection David d'Angers ; don Hélène Leferme, 1906.

Angers, musée des Beaux-Arts (inv. MBA 364.40.8).

Bibliographie : Jouin, 1908, n° 8, p. 375 ; cat. exp. 1991, Châteauneuf-sur-Loire, notice p. 22 ; Lesschaeve, 1996, n° 241.

64 - *Vue prise sur l'esplanade, en face du portail de l'église de Saint-Florent-le-Vieil*
1825.

Lavis sur papier.
H. 0,215 ; L. 0,320.
Inscription : *Dessiné sur le lieu en 1825 par Mr Delusse peintre.*
Acq. : Achat avec l'aide du Fonds Régional d'Acquisition pour les Musées, 1989.

Châteauneuf-sur-Loire, musée de la Marine de Loire (inv. M 2781 A 29).

Bibl. : Giraud-Labalte, 1996, repr. p. 84, fig. 32.

Delusse réalise ici les quatrième et cinquième versions (voir cat. n° 60 à 68) représentant le site de Saint-Florent-le-Vieil. Cette fois, il est assis sur l'esplanade qui domine la Loire. On le distingue au premier plan, reconnaissable à son grand chapeau et à son chien ; il est accompagné d'un autre artiste travaillant auprès de lui.

En 1825, lorsqu'il revient à Saint-Florent, il a vieilli, ayant dépassé largement la soixantaine. Cette même année, la population des Mauges célèbre le souvenir des évènements du mois d'octobre 1793 : le passage de la Loire par l'armée vendéenne et la grâce accordée par Charles Bonchamps aux cinq mille soldats républicains enfermés dans l'abbaye et menacés d'exécution.

Le fils du sculpteur angevin Pierre-Louis David - qui sauva sa vie ce jour-

fiable dans le dessin de Delusse sur la rive droite de la Loire.

Il est intéressant de comparer les deux vues de Saint-Florent dessinées par Delusse dont l'une, conservée à Châteauneuf-sur-Loire, est datée de 1825, et l'autre, au musée d'Angers, semble légèrement antérieure.

Elles présentent de nombreuses similitudes, par exemple, à l'arrière-plan, au loin la colline douce de Montjean, à gauche, la vallée de la Loire avec l'île Batailleuse, puis en amont les îles de la Gache et du Buzet. Sur la Loire, une gabare fait voile vers l'aval et un bac traverse d'une rive à l'autre.

Le peintre se veut historien : il représente l'esplanade avec au premier plan la colonne de tuffeau blanc qui rappelle le passage en 1823 de la duchesse d'Angoulême, fille de Louis XVI, et qui fut inaugurée en 1826.

Or, nous savons que les travaux d'adjudication pour cette colonne dessinée par l'architecte angevin François Villers furent lancés le 16 avril 1825[3] et que la pose de sa première pierre eut lieu le même jour que l'inauguration de la statue de Bonchamps dans l'église de Saint-Florent le 11 juillet 1825, de sorte que ces deux dessins datent d'avril-juillet 1825.

Dans celui de 1825, le centre de la couronne de laurier qui la surmonte est orné d'une fleur de lys alors que dans l'autre, il n'y a rien, insinuant une date antérieure. De même, les grilles qui l'entourent possèdent un dessin différent.

là - est devenu David d'Angers. Il est célèbre. En 1825, après une longue absence, il revient en Anjou. Il accompagne la statue en marbre blanc de Charles de Bonchamps représenté agonisant et levant la main pour réclamer la grâce des prisonniers, qui lui avait été commandée par Louis XVIII en 1817 et dont le plâtre, daté de 1822, fut exposé au Salon de Paris en 1824.

Depuis Angers, cette statue a pris la Loire en bateau le 22 juin 1825, embarquée au port Ayrault. Trois jours plus tard, elle est hissée jusqu'à la terrasse et placée au cours d'une cérémonie, dans le chœur de l'ancienne église abbatiale. Elle est inaugurée en grande pompe le 11 juillet. Delusse a-t-il accompagné son élève et ami David d'Angers, soit lors de ce débarquement, soit lors de cette inauguration ?

Un ami du sculpteur, Louis Pavie, nous a laissé un témoignage de cette première journée. Il insiste sur le fait que le sculpteur fit alors plusieurs croquis : «Du haut de la terrasse (de Saint-Florent-le-Vieil), d'où l'œil suit au loin le cours de la Loire, et contemple, dans un magnifique horizon, les champs de la Bretagne et de l'Anjou, M. de Bouillé (gendre de Bonchamps), nous fit remarquer une chaumière entourée d'un petit jardin, qu'ombrageaient quelques arbres… C'était là que mourut Bonchamps ! … Nous y volâmes»[1]. Et plus loin, il ajoutait : «Mon ami [David d'Angers] saisit ses crayons, il veut emporter l'image de ces lieux à jamais mémorables»[2]. Nous pouvons penser que Delusse a accompagné son ami sculpteur ce jour-là et que, comme lui, il a peint ce site.

En effet, cette chaumière, au lieu-dit de la Meilleraie, est nettement identi-

Au fond, l'abbaye des Bénédictins, avec sa lucarne et sa porte plein cintre, sa nef, son transept et son clocher octogonal terminé par une girouette. Sur le dessin du musée d'Angers qui a appartenu à David d'Angers, celui-ci a indiqué : «Cette église est celle où étaient enfermés les prisonniers».

A droite du porche, un pavillon en retour devant l'église n'existe pas encore dans le premier dessin, de même la maison de droite dont la cheminée fume.

Seuls deux soldats au premier plan animent le dessin d'Angers alors que dans l'autre, de nombreux groupes ponctuent la composition. A gauche des soldats en revue, différents personnages s'échelonnent. Peut-être une évocation du «grand nombre de Vendéens en armes avec leurs drapeaux, une foule de Vendéens non armés, avec leurs femmes et leurs enfants»[4] qu'évoque la presse à l'occasion de l'inauguration de la statue de Bonchamps et de la pose de la première pierre du monument à la mémoire de la Duchesse d'Angoulême.

PLN et MD

(1) «*Voyage à Saint-Florent et la Chapelle*», s.d., p. 3.

(2) *Ibid*, p. 4.

(3) «Adjudication», *Affiches, annonces et avis divers*, 19 avril 1825, p. 11.

(4) «Inauguration de la statue du Marquis de Bonchamp», *Journal politique et littéraire de Maine-et-Loire*, 17 juillet 1825, p. 1.

65 - *Château de Clisson*

Repr. coul. p. 20

1809.

Lavis et sépia.
H. 0,289 ; L. 0,440.
Signé : *De Lusse del.*
Inscription en bas et au centre, à l'encre brune : *Château de Clisson vu sous une arche du pont St Antoine, tel qu'il était en 1809.*
Acq. : Achat avec l'aide du Fonds Régional d'Acquisition pour les Musées, 1989.

Châteauneuf-sur-Loire, musée de la Marine de Loire (inv. M 2781 A 10).

Exp. : 1991, Châteauneuf-sur-Loire, notice p. 24.

Le château et la ville furent entièrement détruits durant les guerres de Vendée sur ordre de Kléber.

En dix jours (septembre 1793), l'immense château fort de Clisson entouré de ses remparts est ravagé par l'incendie et réduit à l'état de ruines, ainsi que les maisons et les fabriques de la petite ville. Les habitants sont atrocement massacrés. Trois ans plus tard, les rescapés reviennent et en 1809, année du séjour de l'artiste, la reconstruction de la ville est amorcée. Depuis 1794, les décombres du château de Clisson sont devenus un haut lieu de la mémoire vendéenne. Ils le demeurent encore aujourd'hui.

Malgré les malheurs passés, le charme du lieu n'échappe pas au peintre assis sous le pont Saint-Antoine qui enjambe le ruisseau : la Moine, beauté des gorges, eaux vives des deux rivières, chaos de roches, gros arbres... Les éléments du «pittoresque dans le paysa-

ge», cher aux Romantiques sont ici réunis. S'y ajoute la touche italienne : les deux lavandières au travail, placées au premier plan de l'œuvre sous le cintre du pont de pierre très soigneusement détaillé, contrastent avec la masse imposante des ruines médiévales ; elles aussi cadrées à l'intérieur du pont. La fuite de la rivière au fond de la perspective ouvre vers le monde extérieur ou le rêve.

Italienne, Clisson est en train de le devenir sous l'influence de mécènes et maîtres d'ouvrages : les frères Cacault et l'architecte Crucy. La construction de villas palladiennes sur les bords de la Sèvre Nantaise, la

mise en place de matériaux et d'un vocabulaire architectural classique pour la reconstruction de la ville du Moyen Age, vont contribuer à donner à Clisson une singularité qui a dû attirer Delusse.

MD

66 - *Ruine du château de Saint-Offrange près de Rochefort*

Lavis.

H. 0,382 ; L. 0,210.

Signé : *Delusse del.*

Inscription en bas et au centre, à l'encre brune : *Reste d'une ruine près de Rochefort sur la Loire.*

Acq. : Achat avec l'aide du Fonds Régional d'Acquisition pour les Musées, 1989.

Châteauneuf-sur-Loire, musée de la Marine de Loire (inv. M 2781 A 65).

Exp. : 1991, Châteauneuf-sur-Loire, notice p. 27.

La ruine du château de Saint-Offrange au nord de Rochefort-sur-Loire occupe un piton élevé d'ancienne lave que l'érosion a dégagée, sorte de nid d'aigle assez menaçant, isolé par la boire de la Ciretterie et le Louet.

Durant les guerres de Religion, la forteresse est occupée par des ligueurs : les frères Saint-Offrange, ils donnent

leur nom au lieu. Ces véritables pirates de la Loire, impossibles à déloger, terrorisent la région par leurs pillages et leurs exactions. Henri IV achète leur soumission grâce à une forte indemnité, puis il donne l'ordre de faire sauter le château. Il n'en reste plus que ces blocs inquiétants et leurs deux fenêtres ouvertes sur le vide.

Dans ses *Carnets* David d'Angers consacre à ces ruines un curieux texte : «Quand on est sur la hauteur par un temps brumeux, on aperçoit une des ruines du château de Rochefort. Cette ruine, extrêmement élevée, à l'air d'une statue sur son piédestal. Elle semble comme une divinité des anciens temps qui domine les temps modernes, est là, placée comme un souvenir, comme une pensée, comme "un vieillard vénérable" pour raconter aux générations l'histoire des anciens jours ; c'est un lien qui lie le passé au présent».

Le château de Saint-Offrange est une des rares oeuvres de Delusse adoptant le modèle vertical. Le visage d'un vieillard y apparaît au milieu des nuages en haut à gauche : deux yeux charbonneux, un nez, une large bouche tombante. De ce visage fantomatique part un faisceau d'étranges rayons. Ce vieillard, venu de la nuée, est-il le signe d'échanges mystérieux entre les deux artistes ? Est-ce le «vieillard vénérable» qui raconte aux générations «l'histoire des anciens jours».

MD

67 - *Château de Baugé*
1815.

Lavis.
H. 0,217 ; L. 0,326.
Signé et daté : *Dessiné sur lieu par J.J. De Lusse 1815.*
Inscription en bas et au centre, à l'encre brune : *Vue du château de Beaugé. Cette ville à quatre lieues de celle de la flèche, a été bâtie par foulques Nerra, au commencement du douzième siècle, il y à un ancien village à une demie lieue plus loin, que l'on appelle le vieil Beaugé, il paraîtrait par la que beaugé a existé la, dans son principe, et qu'il a été détruit dans les anciennes guerres qui avaient lieu, d'un petit prince a un autre ; (voyez les antiquités d'anjou).*
Acq. : Achat avec l'aide du Fonds Régional d'Acquisition pour les Musées, 1989.

Châteauneuf-sur-Loire, musée de la Marine de Loire (inv. M 2781 A 28).

Bibl. : Giraud-Labalte, 1996, repr. p. 81, fig. 28.
Exp. : 1991, Châteauneuf-sur-Loire, notice p. 25.

Foulques Nerra, ou Foulques le Noir, comte d'Anjou est le premier bâtisseur du château de Baugé, place forte baignée par deux rivières. Incendié par les anglais à la fin du XVe siècle, le château sera entièrement repensé par le roi René d'Anjou et reconstruit par son architecte Guillaume Robin.

Le monument de pierre ocrée constitue un ensemble imaginatif et très diversifié. Il est le reflet du mode de vie des rois d'Anjou à l'automne du Moyen Age : corps de logis et vastes salles pour accueillir les visiteurs, tourelles et échauguettes permettant de s'isoler ou de contempler les jardins du sud et le paysage baugeois. La vaste toiture d'ardoise à la géométrie savante, coupée de nombreuses et imposantes cheminées abrite des chambres. Sa charpente a du poser des problèmes techniques compliqués au toiturier angevin qui la réalisa. L'abandon, les malheurs du temps de la Révolution menacent l'ensemble du bâtiment, que les autorités civiles, sous l'Empire, utilisent à divers fonctions : gendarmerie, mairie. C'est dans cet état que Delusse peint Baugé en 1815. L'artiste tombe sous le charme de la vieille demeure dont les fissures fendillent les tours, les plantes folles enserrent les murs, et dont la toiture doit laisser passer la pluie. Il en donne une version très harmonieuse où le sentiment de la nature s'exprime à travers le dessin d'un vieil arbre, en partie frappé par la foudre, et qui fait équilibre avec la masse du château. Au premier plan, la tour lézardée, à la quelle sont accolées des remises, constituent la porte de la ville.

La demeure du roi René a changé depuis l'époque romantique : une campagne de restauration est envisagée par les pouvoirs publics sous le règne de Charles X et des projets de type très différents sont proposés. C'est dans un style néogothique, sorte de vocabulaire imaginaire des éléments décoratifs médiévaux que l'architecte Corcelles se verra confier le soin de rénover le château.

Curieusement, une lithographie de Charles d'Aubry (professeur de dessin à l'école de cavalerie de Saumur de 1822 à 1840) a été réalisée à la même époque. Les deux oeuvres ont beaucoup de similitudes. Les différences portent sur l'arbre du premier plan, vivant et feuillu dans l'œuvre de Charles d'Aubry, et la présence des personnages. Quant au château, les deux artistes l'ont traité de manière identique : c'est le cas des détails architecturaux et du cadrage du sujet.

MD

68 - *Château de Durtal sur le Loir*

1826

Lavis.

H. 0,221 ; L. 0,327.

Signé et daté : *Delusse delt 1826.*

Inscription en bas et au centre, à l'encre brune : *Vue du Chateau de Durtal sur La Sarthe à 7 lieues d'angers.*

Acq. : Achat avec l'aide du Fonds Régional d'Acquisition pour les Musées, 1989.

Châteauneuf-sur-Loire, musée de la Marine de Loire (inv. M 2781 A 79).

Exp. : 1991, Châteauneuf-sur-Loire, notice p. 27.

L'important château de Durtal domine la vallée du Loir en son point de confluence avec l'Argance, et au carrefour de plusieurs voies romaines. Sur ce point stratégique, les princes d'Anjou bâtissent dès le XIe siècle une tour de bois, modeste élément d'une forteresse qui devra surveiller le passage. Dès le Moyen Age, la petite ville de Durtal, se construit au flanc du château, en bordure de rivière.

Foulques le Noir, qui mit sur toute la province la marque d'un esprit guerrier, jette les bases d'un fort de défense en maçonnerie. Au cours des siècles, un château fort imposant le complète. Ses puissantes assises sont encore visibles aujourd'hui sur la rive droite de la rivière.

Au XVIe siècle, la mode aidant, les propriétaires démolissent une grande partie des murailles austères pour aménager un corps de bâtiment ouvert au sud grâce à de larges fenêtres donnant à pic sur le Loir. Vers la ville, le château garde un aspect plus défensif : tours crénelées, mâchicoulis, échauguettes.

Quant à la rivière, relativement étroite, elle rend de grands services en transportant des bois de construction, du charbon, des carreaux de faïence et surtout d'importantes quantités de pierre de Rairie qui permettent la fabrication d'une chaux d'excellente qualité.

Delusse, qui aime à interpréter les effets d'architecture alliés à la présence de l'eau, choisit de représenter le Loir, son bief, la roue du moulin et un marinier debout dans une toue qui aborde le pont de pierre de six arches construit au XVIIIe siècle. Ce premier plan familier est dominé par le volume du château, ses deux étages de fenêtres Renaissance, ses hautes cheminées et le profond toit d'ardoise.

On retrouve ici le même goût du décor en contraste que dans les oeuvres représentant le château de Baugé ou celui de Montsoreau.

MD

69 - *Château et village de Chaumont*

1812.

Lavis d'encre brune.
H. 0,259 ; L. 0,371.
Signé et daté : *dessiné sur lieu en 1812 par Jean Jacques Delusse peintre.*
Inscription en bas et au centre, à l'encre brune : *Vue prise au dessus de Tours sur les bords de la Loire. Château et village de Chaumont.*
Acq. : Ancienne collection David d'Angers ; don Hélène Leferme, 1906.

Angers, musée des Beaux Arts (inv. MBA 364.40.9).

Bibl. : Jouin, 1908, n° 9, p. 375 ; Leschaeve, 1996, n° 242.

Une fois de plus Delusse fait preuve d'observation et d'exactitude. Installé rive droite, probablement non loin de l'hôtellerie du «grand escu», il dessine les trois corps de logis du château de Chaumont, construit par la famille d'Amboise au XVe siècle. Ils entourent une terrasse orientée au nord et qui ouvre sur le paysage de la vallée. La tour Saint-Nicolas et la chapelle sont au premier plan de la vision nord-est du château choisie par l'artiste.

La terrasse, ouverte sur la Loire et dégagée depuis la destruction, en 1740, de l'aile nord, est esquissée. Le dessin laisse deviner les fossés profonds qui cernent la construction du XVe siècle, couverte d'une toiture d'ardoise protégeant le chemin de ronde. L'ensemble des bâtiments des seigneurs d'Amboise n'a pas eu à souffrir de la Révolution.

A l'époque du passage du peintre, en 1812, le château appartient au banquier américain Jacques Donatien Le Ray, banquier de Madame de Staël. Son père était ami de Franklin. Le Ray séjourne fréquemment à New York. Madame de Staël, qui s'est réfugiée chez lui en Touraine, vient de regagner sa propriété de Coppet sur le lac Leman et Chaumont est délaissé par son propriétaire.

L'art familier du peintre est ici très sensible : le château au lointain et ses tours dominant la rivière, quelques bateaux, au premier plan : la vieille auberge, sa pancarte et l'inscription sur le mur aveugle. Un dessin aquarellé faisant partie des collections du château de Chaumont représente de manière identique la forteresse surplombant la rivière et porte une inscription : *Vue de l'hôtellerie du grand escu à escures 1699.*

L'œuvre de Delusse date de 1812, la Grande Armée vient de gagner la bataille de la Moskova. Que signifie la présence des deux soldats coiffés du shako et en uniforme des armées de l'Empire ? Des recrues prêtes à rejoindre leur corps, après un dernier arrêt à l'hôtellerie ? Deux autres militaires prennent la route et il semble qu'une discussion se soit élevée entre les quatre hommes. Comme on peut souvent l'observer, Delusse choisit de donner un sens historique à ses oeuvres. Il les date grâce à des détails précis, parfois cachés qu'il sélectionne avec soin. Mais, au-delà de l'histoire, la vie quotidienne continue en Touraine. Un petit troupeau passe sur la berge, bousculé sous le bâton du vacher. Une fileuse marche face au vent, en tenant sa quenouille et son fuseau ; elle croise des enfants qui se reposent sur le talus.

L'œuvre de Delusse est d'autant plus précieuse qu'elle a appartenu à la collection personnelle de David d'Angers avant d'être transmise à sa fille Hélène qui a légué le lavis au musée de la ville natale du sculpteur. Grâce aux *Carnets* de David, on sait qu'il avait accroché sur le mur de sa mansarde d'étudiant à Paris un dessin, représentant Angers offert par son ancien professeur. En ce qui concerne cette vue de Chaumont, peut-être avait-il reçu le lavis de la main même de Delusse ?

MD

dates : celle du dessin sur lieu qui fait état d'une ruine en 1822, et celle de l'aquarelle qui a dû être réalisée en atelier et qui porte la date de 1824.

Le goût de l'époque romantique pour le Moyen Age et la Renaissance, qui s'exprime dans la littérature, le théâtre et la poésie, est particulièrement sensible à Montsoreau puisque Alexandre Dumas y situera un épisode de l'un des quatre romans qui ont pour toile de fond les guerres de Religion :"*la Dame de Montsoreau*".

MD

70 - *Château de Montsoreau*

Repr. coul. p. 19
1824.

Aquarelle.
H. 0,365 ; L. 0,528.
Signé et daté : *Delusse del. 1824*
Inscription en bas à droite : *et dessiné sur le lieu en 1822, tel cette Ruine était ; en bas et au centre, à l'encre brune : Ruine du château de montsoreau, près de saumur.*
Acq. : Achat avec l'aide du Fonds Régional d'Acquisition pour les Musées, 1989.

Châteauneuf-sur-Loire, musée de la Marine de Loire (inv. M 2781 A 9).

Exp. : 1991, Châteauneuf-sur-Loire, notice p. 24.

Saccagé à la Révolution, le château de Montsoreau, en 1822 lors du passage de l'artiste, subit encore bien des déboires. Il est morcelé en logements, risque les éboulements à chaque tem-pête alors que les plus pauvres des habitants voisins récupèrent les pierres de ses ruines.

Dès le début de la Restauration, des campagnes de recensement se développent en Anjou afin de répertorier les monuments endommagés et de chiffrer les programmes de réhabilita-tion. En parallèle, des oeuvres dessi-nées ou gravées présentent au public l'image des destructions et des ruines. La recherche d'un lien profond avec le passé lointain s'impose après la tourmente révolutionnaire et les désastres des guerres de l'Empire. L'ensemble des vingt châteaux ange-vins dessinés par Delusse paraît bien s'insérer dans ce mouvement.

On peut s'interroger sur la manière dont l'aquarelle de Delusse a pu être utilisée. Elle porte en effet deux

71 - *Monastère de Saint-Maur*
1817.

Lavis.
H. 0,221 ; L. 0,322.
Signé et daté : *De Lusse delt 1817.*
Inscription en bas et au centre, à l'encre brune : *Vue de Saint Maur sur les bords de La Loire, route de Saumur à Angers.*
Acq. : Achat avec l'aide du Fonds Régional d'Acquisition pour les Musées, 1989.

Châteauneuf-sur-Loire, musée de la Marine de Loire (inv. M 2781 A 38).

Exp. : 1991, Châteauneuf-sur-Loire, notice p. 25.

«... des ronces et des ruines...» en ces termes le *Guide du Voyageur sur la Loire* décrivait, à l'époque roman-tique, le monastère de Saint-Maur. Des ronces, des ruines ! La vision est peut-être un peu hâtive. Malgré une histoi-re chaotique et qui semble n'avoir guère cessé au long des siècles, le rayonnement de Saint-Maur-de-Glanfeuil demeure.

L'abbaye, à l'origine un modeste ermitage, porte le nom de son fondateur, saint Maur, disciple de saint Benoît, venu en Anjou depuis Monte Cassino au VIe siècle. Bien que ce récit soit légendaire, la trace de sa sépulture est encore visible.

Des quatre prestigieux monastères de la région saumuroise, Saint-Maur est le plus en aval. Avec Fontevrault et Cunault, ils s'échelonnent à faible distance au long de la rive gauche de la rivière et constituent, dès l'époque romane, un véritable pôle de civilisation.

Eloigné de Saumur, Saint-Maur demeure le sanctuaire le plus exposé aux incursions vikings et à leur habituel cortège d'exactions : vols, saccages, incendies. Pour se protéger les moines choisissent la fuite. Ils trouvent refuge à l'abri des méandres de la Marne et laissent ainsi leur nom au village de Saint-Maur-des-Fossés. A leur retour et grâce au soutien royal, les moines fortifient l'abbaye : la voici devenue citadelle, prête à défendre le passage du fleuve. Ses murailles bordent le chemin des haleurs. Souvent assaillis durant les guerres d'Anjou et l'invasion anglaise, les bénédictins ont bien des difficultés à conserver la paix et le silence à l'intérieur de leurs murs. Assiégé et soumis en mars 1370, le monastère devient le repaire de troupes anglaises qui occupent les rives de Loire depuis près de trente ans et ont même interrompu le trafic sur la rivière. Depuis Saumur, Du Guesclin négocie leur départ en échange d'une considérable rançon. Les capitaines ennemis touchent la rançon mais quittent Saint-Maur à la lueur de l'incendie qu'ils ont allumé. Du Guesclin les poursuit, leur livre bataille à Bressuire et les chasse d'Anjou.

La marine de Loire rembourse les 13 000 livres de la rançon : en 1370 un trépas de Loire taxe chaque chaland, à la remonte comme à la descente, et toutes les marchandises transportées sur la rivière entre Candes et Ancenis.

Le temps passe sur Saint-Maur ; la citadelle disparaît, remplacée par un beau bâtiment qui ouvre sur la lumière et le fleuve par seize hautes croisées. Une sorte de petite ville s'aménage à l'abri de l'enceinte, avec chapelle (devenue église paroissiale), cloître, abbatiale, cimetière et de vastes espaces plantés de vigne et d'arbres fruitiers soigneusement entretenus à flanc de coteau et protégés des vents par une muraille de beau tuffeau.

Grâce à la présence de la congrégation des bénédictins de Saint-Maur ce lieu va devenir au XVIIe siècle, un foyer d'érudition et de recherches théologiques auquel reste attaché le souvenir de l'orateur Massillon.

De nouveau malmenée durant la Révolution, Saint-Maur-de-Glanfeuil, en 1817, se dresse toujours, en bordure de l'eau, lorsque Delusse l'observe depuis le quai opposé. Il s'est installé pour peindre au bord de la route pavée qui mène à Saumur et où se croisent les gens des rives et les gens de l'eau.

MD

72 - *Cunault*

Lavis.
H. 0,225 ; L. 0,327.
Signé : *Delusse delineavit.*
Inscription en bas et au centre, à l'encre brune : *Vue des environs du Coteau et Village de Cunault au dessus de Trèves, bords de la Loire, allant a Saumur.*
Acq. : Achat avec l'aide du Fonds Régional d'Acquisition pour les Musées, 1989.

Châteauneuf-sur-Loire, musée de la Marine de Loire (inv. M 2781 A 72).

Exp. : 1991, Châteauneuf-sur-Loire, notice p. 27.

Pour mettre en valeur l'architecture de Notre-Dame de Cunault, Delusse a choisi de s'installer sur le petit port qui lui fait face, rive droite. Depuis le quai, il dessine le paysage équilibré que forment le bourg, le prieuré et l'immense église appuyés sur la colline boisée.

La rivière reflète l'image du clocher et de la basilique aux dimensions impo-santes (25 mètres de long, 21 de large et 18,70 mètres de hauteur de voûte). Les détails de l'architecture du clocher révèlent l'art roman : trois étages com-portant chacun, face à la Loire, quatre baies cintrées et une flèche de pierre, pour couronner l'ensemble. A l'inté-rieur de la nef, à la base du clocher, une colonne s'orne d'un sujet insolite : sous les entrelacs du chapiteau figu-rent une barque et deux bateliers tenant des poissons, qu'ils offrent à une sirène. Est-ce un hommage aux mariniers pêcheurs vivant sur le fleu-ve, le souvenir d'une légende ou la marque d'un symbole mystérieux ?

Sous les baies du clocher, se trouve la chambre des cloches ; elles appelèrent bien souvent les pèlerins qui se réunis-saient dans cette église des bords de l'eau vouée au culte de la Vierge. L'ancienne abbaye abrite un trésor : la châsse de saint Maxenceuil, probable-ment disciple de saint Martin et fonda-teur de Cunault. En période de séche-resse les moines et la population entraient dans le fleuve, portant la châsse, et la trempaient dans l'eau afin d'attirer la pluie.

Au XIe siècle le domaine monastique est immense : il s'étend sur les deux rives. Des turcies protègent les cultures dans les zones de défrichement. Puis le prieuré décline. Quelques années avant la Révolution, les moines dispa-rus, le sanctuaire est partagé en deux parties par un mur. Dans le chœur, transformé en grange, on entas-se la paille et le foin. C'est dans cet état que Delusse voit et peint Notre-Dame de Cunault. Son goût très sûr pour les bâtiments du Moyen Age rend hommage à l'un des plus beaux sites de l'Anjou roman. Il sera sauvé quinze années après le passage de l'ar-tiste.

MD

7 – LA CHARENTE

73 - *Saintes*
1819.

Lavis.
H. 0,215 ; L. 0,310.
Signé et daté : *Delusse sur le lieu, 1819.*
Inscription en bas et au centre, à l'encre brune : *Vue d'une partie du pont de Saintes sur lequel il y a un arc de triomphe batit par les romains. C'est du côté de l'abreuvoir qu'elle est prise. On y découvre l'hopital militaire de St Louis.*

La Rochelle, médiathèque (inv. BMLR 2414).

Des huit dessins représentant la ville de Saintes et les campagnes au bord de la Charente, trois ont été réalisés en 1819. Delusse vit encore au logis Barrault, à Angers, et exerce sa double fonction de professeur de dessin et de directeur du Museum. Au cours de cette même année il se rend également à Trèves et à Montjean.

Saintes... retour vers une région et une ville où le peintre vécut sept années avec sa famille. Il y enseignait le dessin à l'Ecole Centrale (1797-1804).

Il évoque ici le souvenir de la belle cité romaine, régulièrement divisée de rues dallées se coupant à angle droit. Une des voies est-ouest de la Gaule romaine reliait Lyon, la capitale, à Saintes. Elle aboutissait au bord de la Charente à un pont de pierre. Au deux tiers de la chaussée du pont s'élevait une monumentale construction, percée de deux arches ornées de pilastres et de chapiteaux corinthiens qui soutenaient une frise gravée. Contrairement aux commentaires de Delusse qui figurent au bas du dessin, il ne s'agit pas d'un arc de triomphe, mais d'un arc votif, *"l'Arc de*

Germanicus", datant du début du premier siècle. Le lavis nous laisse un témoignage précis et irremplaçable du monument romain et du pont de pierre, aujourd'hui disparus.

A l'époque où Delusse s'installe pour dessiner auprès de l'abreuvoir qui borde la rivière, rive droite, l'arc est délabré, ses ornements sculptés ont été en partie détruits. Il barre le chemin à la circulation des marchandises qui transitent d'une rive à l'autre de la Charente, entre le faubourg Saint-Palais et le cœur de la ville. L'arc de Germanicus est en danger, une partie du pont s'écroule et on a aménagé une passerelle de bois qui n'est pas visible sur le lavis. Le peintre, qui a dû séjourner quelque temps à Saintes au cours de l'été 1819, entend certainement les rumeurs concernant la destruction définitive du monument antique à «coups de pic», comme le souhaitent le conseil municipal et les commerçants de la ville.

Heureusement, Mérimée sauvera l'œuvre romaine, que l'on déplacera pierre à pierre en 1842. On choisit de la remonter sur la berge de la rive droite de la Charente, à peu de distance de son emplacement d'origine.

Quant au vieil hôpital militaire Saint-Louis qui s'élève sur la colline voisine, c'est auprès de lui, dans un modeste logement, que viendra se réfugier pour les dernières années qui lui restent à vivre, l'ancien professeur de dessin.

MD

74 - *Environs de Saintes*

Repr. coul. p. 21

Dessin en couleur.
H. 0,210 ; L. 0,369.
Signé : *Delusse del...*
Inscription en bas et au centre, à l'encre brune : *Vue des environs de Saintes sur la Charente.*

La Rochelle, médiathèque (inv. BMLR 2410).

Ce dessin est l'une des rares œuvres colorées de Delusse. Il s'est transporté dans la campagne saintongeaise qu'il aime et qu'il connaît bien. A travers un sujet très anecdotique, c'est l'ambiance de la moisson au soleil de l'été qu'il s'efforce d'exprimer.

Le paysage harmonieux des collines, des terrains humides et des innombrables peupliers du bassin de la Charente sont les véritables sujets du dessin. La rivière coulant du sud au nord est gonflée par une multitude de ruisseaux. Le flot de la marée d'équinoxe remontait jusqu'à Saintes et la rivière a pu porter les bateaux chargés des précieux fûts d'eaux-de-vie provenant de Cognac. Ils gagnaient ensuite Niort et la voie maritime.

MD

ELÉMENTS DE BIOGRAPHIE

15 mars 1758
Naissance à Paris.

1785
Inscription dans l'atelier de Joseph-Marie Vien à l'Académie Royale.

1776-1777
Angers où il réalise deux commandes pour la ville d'Angers.

1785
Inscrit dans l'atelier de François André Vincent à l'Académie des Beaux-Arts de Paris.

1792
Valence. Peint le château de Crusols près de Valence.

1793
Inscrit dans l'atelier de Vien.

1797
Naissance à Paris de sa fille Virgine Perrine.

1797-1804
Professeur de dessin à l'Ecole centrale de Saintes.

1801
Séjour en Anjou.

1804
Conservateur du Museum de la Ville d'Angers. Il donne des cours de dessin.

1829
La municipalité d'Angers met fin à ses fonctions de conservateur et de professeur de dessin. Il s'installe à Saintes.

1833
Décès de Delusse.

BIBLIOGRAPHIE

"La Loire de Nantes à Orléans", *Guide du voyageur par les bateaux à vapeur*, Nantes, 1840.

Association des Amis des Archives d'Anjou, *Mélanges d'histoire et d'archéologie angevines*, 1997, n° 1.

Boislève, 1995
Boislève (Jacques), *Pêcheurs de Loire entre Anjou et Bretagne*, Nantes, 1995.

Boré, 1994
Boré (Henri), *Les îles de la Loire angevine et nantaise*, 1994.

Brossard, 1983
Brossard (Maurice de), *De Nantes à Saint-Nazaire*, Paris, 1983.

Bruel, 1958
Bruel (André), *Les carnets de David d'Angers*, 2 vol., Paris, 1958.

Caso, 1980
Caso (Jacques de), "L'inventaire après décès de David d'Angers", *Gazette des Beaux-Arts*, 1980, n° 1340, pp. 85-97.

Cayla, 1992
Cayla (Philippe), *Patrimoine ligérien en Loire angevine. Une communauté retrouvée des gens de Loire. Itinéraire culturel pour le bassin de Loire*, 1992 ; "Le bateau sous les toits. Itinéraire de la reconstitution d'un chaland de Loire", *303, Arts, Recherches et Créations*, n° 32.

Chancel, 1992
Chancel (Béatrice de), cat. exp. *Souvenir de musée*, Angers, musée des Beaux-Arts, 1992.

Chesneau, 1934
Chesneau (Georges), *Les œuvres de David d'Angers, sculpteur d'histoire et mémorialiste*, Angers, 1934.

Chevaleau, 1995
Chevaleau (Henri), "Manuscrit", *Bulletin des Amis du Musée de la Marine de Loire*, Châteauneuf-sur-Loire, 1995, n° 74 et 75.

Chevallier, 1886
Chevallier (E.), *Histoire de la marine française sous le Consulat et l'Empire*, Paris, 1886.

Chiappe, 1982
Chiappe (Jean-François), *La Vendée en armes*, Paris, 1982.

Cussonneau
Cussonneau (Christian), "Farine de Loire… Meuniers du port… Moulins-bateaux en Anjou" in, *303, Arts, Recherches et Créations*, n° 49.

Denais, 1907
Denais (Joseph), "Chapelle de l'hospice général Sainte-Marie à Angers", *Inventaire général des Richesses d'art de la France, Province, monuments religieux*, Paris, 1907, pp. 163-184.

Denoix
Denoix (feuillets manuscrits), *Etats des vaisseaux de la marine au 30 mai 1814*, Archives de la Marine B.B.5 11.

Dezanneau, 1990
Dezanneau (Bénédicte), *Les hommes de la Loire à Saint-Clément-des-Levées 1750-1789, Etude économique, sociale et démographique*, Maulévrier, 1990.

Diesbach, 1984
Diesbach (Gislain de), *Histoire de l'émigration*, Paris, 1984.

Dubourg Noves, 1983
Dubourg Noves (Pierre), *Saintes*, Le Thoureil, 1983.

Fraysse, 1965
Fraysse (J.-C.), *Les mariniers de Loire en Anjou*, Le Thoureil, 1965.

Fraysse, 1978
Fraysse (J.-C.), *Vie quotidienne au temps de la marine de Loire*, Paris, 1978.

Gabory, 1996
Gabory (Emile), *Les guerres de Vendée*, Paris, 1996.

Giraud-Labalte, 1976
Giraud-Labalte (Claire), *Angers à travers ses fonds iconographiques*, mémoire de maîtrise en histoire de l'art, Rennes, 1976

Giraud-Labalte, 1996
Giraud-Labalte (Claire), *Les Angevins et leurs monuments 1800-1840. L'invention du patrimoine*, Société des Etudes Angevines, Angers, 1996.

Goehtgens, 1988
Goehtgens (Thomas W.), Lugon (Jacques), *Joseph Marie Vien*, Paris, 1988.

Goupil de Bouillé, 1991
Goupil de Bouillé (Jean), *La Touraine angevine*, Maulévrier, 1991.

Guérin, s.d.
Guérin (Léon), *Histoire de la Marine française sous la Révolution et l'Empire*, s.d..

Guéry, 1913
Guéry, (Augustin), *Angers à travers les âges*, Angers, 1913.

Izarra, 1993
Izarra (de), *Hommes et fleuves en Gaule romaine*, Paris, 1993.

Jacobzone, David, 1994
Jacobzone (Alain) et David (Pierre), *Angers*, Rennes, 1994.

Jouin, 1870
Jouin (Henry), *Notice des peintures et sculptures du musée d'Angers et description de la galerie David précédée d'une biographie de P.-J. David d'Angers (sous la direction de Jules Dauban)*, Angers, 1870.

Jouin, 1878
Jouin (Henry), *David d'Angers*, Angers, 1878.

Jouin, 1881
Jouin (Henry), *Musées d'Angers : peintures, sculptures, cartons, miniatures, gouaches et dessins, collection Bodinier, Lenepveu, legs Robin, musée David…*, 1880, rééd. 1881

Jouin, 1881
Jouin (Henry), *Inventaire général des richesses d'art de la France, Provence, monuments civils*, t. 3, Paris, 1885.

Jouin, 1890
Jouin (Henry), *David d'Angers et ses relations littéraires*, Paris, 1890.

Labalte, voir Giraud-Labalte.

Landais, 1997
Landais (Hubert), *Histoire de Saumur*, Toulouse, 1997.

L'Anjou roman, La Pierre qui Vire (Yonne), 1958..

Laurencin, 1980
Laurencin (Michel), *La vie quotidienne en Touraine au temps de Balzac*, Paris, 1980.

Levalve, s.d.
Lecalve (Frank), *Perte de la flotte de guerre française de 1700 à nos jours*, ouvrage polycopié du service de la Marine, s.d., nl.

Lelièvre, 1992
Lelièvre (Pierre), *Nantes au XVIIIe siècle*, Paris, 1992.

Lesschaeve, 1996
Lesschaeve (Chloé), *Les dessins des musées d'Angers (1780-1870). Inventaire des dessins de la fin du XVIIIe et du XIXe siècles conservés dans la collection des musées d'Angers*, mémoire de Maîtrise inédit, 3 vol., Université de Tours, 1996.

L'Hostis, 1995
L'Hostis (François), *Les Ponts de Cé, une ville à feu et à sang*, Cholet, 1995.

Manase
Manase (Viviane), "Histoire de ports en Anjou", *303, Arts, Recherches et Créations*, n° 49.

Mantellier, 1867
Mantellier (Philippe), *Histoire de la Communauté des marchands fréquentant la rivière de Loire*, Orléans, 1867.

Matrais, 1998
Matrais (Joseph), *La destruction de la marine française par la Révolution*, 1998.

Mérimée, 1836
Mérimée (Prosper), *Rites d'un voyage dans l'ouest de la France*, 1836.

Morel, 1872
Morel (E.), *Promenades dans Angers et ses environs*, 1872.

Panorama de la Loire, Voyage de Nantes à Angers et d'Angers à Nantes sur les bateaux à vapeur, Nantes, rééd. 1830.

Pelisson, 1894
Pelisson (Jules), *Les loges maçonniques de l'Angoumois et de la Saintonge*, 1894.

Pépin, 1935
Pépin (Eugène), *Histoire de la Touraine*, Paris, 1935.

Port, 1978
Port (Célestin), *Dictionnaire historique de Maine-et-Loire*, Angers, rééd. 1978.

Revue de Saintonge et d'Aunis, 1903, 1910.

Rougé, 1940
Rougé (Jean-Marie), *Aux beaux pays de Loire*, Tours, 1940.

Secco
Secco (Guy), "Bateaux traditionnels de Basse Loire", *303, Arts, Recherches et Créations*, n° 32.

Secher, 1986
Secher (Reynald), *La Chapelle-Basse-mer village vendéen. Révolution et contre-révolution*, Paris, 1986.

Tessonneau, 1996
Tessonneau (Pierre), *Les ponts routiers sur la Loire en Touraine*, Tours, 1996.

Thery, s.d.
Thery, *Les constructions navales en Loire inférieure*, service historique de la Marine, s.d..

Thévenot, 1987
Thévenot (C.), *Foulque III Nerra Comte d'Anjou*, Tours, 1987.

Troude, 1968
Troude (O), *Batailles navales de la France*, Paris, 1968.

Xambeu, 1886
Xambeu, *Histoire du collège de Saintes*, 1886.

EXPOSITIONS

Angers, 1989
Angers en 1789, salle Chemellier.

Châteauneuf-sur-Loire, 1991
Jean-Jacques Delusse peintre 1758-1833, musée de la Marine de Loire.

Angers, 1992
Souvenir de musée, musée des Beaux-Arts.

Nantes, 1992-1994
Les anneaux de la Mémoire, musée-château.

Nantes, 1997
Estuaires de Nantes à Saint-Nazaire : histoire d'un port, musée-château.

Nous remercions les prêteurs qui ont accepté de se dessaisir de leurs œuvres pendant la durée de l'exposition :

- Médiathèque de la Rochelle

- Archives départementales de Charente Maritime

- Musée-château de Saumur

- Musée de la Coiffe des Ponts-de-Cé

- Monsieur et Madame Jamet

Nous adressons notre gratitude aux auteurs des notices : Olivier Biguet, conservateur, inventaire général de la ville d'Angers ; François Comte, conservateur, archéologue de la ville d'Angers ; Michèle Dupont ; Catherine Lesseur, conservateur, musées d'Angers ; Jacques Mallet, docteur en archéologie médiévale.

Nous remercions également tous ceux qui nous ont apporté leur concours :

- Monsieur Sylvain Bellenger, Directeur du château et conservateur des musées de Blois ;

- Monsieur Bruno Carbone, conservateur général de la Médiathèque de la Rochelle

- Monsieur Michel Etienne, conservateur chargé du patrimoine à la Médiathèque de la Rochelle

- Monsieur Pascal Even, Directeur des Archives départementales de la Rochelle

- Madame Chantal Fromont, conservateur du musée régional de l'Orléanais, de Beaugency

- Monsieur Jacques Genevoix, responsable du musée de la Coiffe des Ponts-de-Cé

- Madame Catherine Gorget, attachée de conservation au musée des Beaux-Arts d'Orléans

- Madame Isabelle Klinka, conservateur au musée des Beaux-Arts d'Orléans

- Monsieur Philippe Le Leyzour, conservateur en chef du musée de Tours

- Monsieur Eric Moinet, conservateur en chef des musées d'Orléans

- Madame Jacqueline Mongellaz, conservateur du musée-château de Saumur

- Madame Barbara Puccini, documentaliste au château et musées de Blois

- Madame Marie Richard, conservateur au musée Dobrée de Nantes

- Madame Elisabeth Rossi, responsable du musée d'Amboise

- Monsieur André Sarazin

- Monsieur Wattel Baugé, château de Beaugé

Cette exposition n'aurait pas été possible sans l'aide des services administratifs et techniques de la ville de Châteauneuf-sur-Loire et l'efficace travail de l'ensemble de l'équipe du musée de la marine de Loire : secrétariat : Catherine Lemaire qui a saisi le catalogue ; documentaliste : Carole Larché ; animation pédagogique : Bruno Chiron ; accueil : Caroline Ferrari et Sophie Vorel, et ceux de la ville d'Angers, l'efficace travail de l'équipe du musée des Beaux-Arts : administration : Daniel Gasnier et Marie-France Hubert ; secrétariat : Fabienne Deschères et Anne Morvan ; équipe technique : Bernard Binet, Serge Chevalier, Edouard Monnet, René Pelé.

Nous tenons également à remercier les bénévoles : Madame Denise Hersant, Madame Juliette Le Coq, Monsieur Jacques Rousseau, Monsieur Jean-Pierre Thiercelin, Monsieur Robert Thiercelin et l'association des amis du musée de Châteauneuf.

Achevé d'imprimer sur les presses
de l'imprimerie SETIG-PALUSSIÈRE, à Angers.

Crédits photographiques :
Pierre David, Musées d'Angers,
Philippe Lequien,
Musée de la Marine de Loire.

N° ISBN 2-901287-64-6

Dépôt légal : 4e trimestre 1998

Musées
d'Angers